Jesus Christus kommt wieder!

Die letzten grossen Ereignisse vor seiner Wiederkunft

Ellen Gould White

Originaltitel:	*The Great Controversy* E.G.White Pacific Press Publishing Co. Mountain View, California (1900)
Redaktion:	NewStartCenter®
Sprachliche Bearbeitung:	Kai Mester
Satzspiegel:	ItsTimeDesigne
Coverbild:	Elias Design

	NewStartCenter® Hauptstrasse 62 79348 Freiamt
Internet:	www.newstartcenter.de
Shop:	www.newstartcenter.biz
E-Mail:	info@newstartcenter.de

Bibelverse sind, wenn nicht anders angegeben,
der Luther- oder Schlachterübersetzung entnommen.

Die Deutsche Bibliothek – CIP Einheitsaufnahme.
Ein Titeldatensatz für diese Publikation ist bei
der Deutschen Bibliothek erhältlich.

ISBN: 3-933785-38-1
BestNr: 250-5381

Dieses Buch wurde Ihnen überreicht durch:

Inhalt

Vorwort

Zu der feierlichsten und gleichzeitig köstlichsten aller in der Heiligen Schrift offenbarten Wahrheiten gehört die von **zweitem Kommen Christi** zur Vollendung des großen Erlösungsplanes Gottes für die gesamte Menschheit. Diese Wahrheit ist der Grundton der ganzen Heiligen Schrift.

Auch wenn wir das genaue Datum der Wiederkunft Christi nicht kennen, weist Jesus uns doch auf die Zeichen hin, die diesen Tag ankündigen. Diese **„Zeichen der Zeit"** zeigen uns heute, dass dieses Ereignis bevor steht!

Aus diesem Grund wurde dieses Buch mit den **„letzten großen Ereignissen"** vor dem zweiten Kommen Jesu herausgegeben.

Dieses Buch beantwortet Fragen wie:

- Welche großen Ereignisse kommen auf uns zu?
- Wann geschehen diese Ereignisse?
- Wie kann ich mich darauf vorbereiten?
- Wie kommt Jesus wieder?
- Was muss ich tun, um gerettet zu werden?

„Siehe, er kommt mit den Wolken, und jedes Auge wird ihn sehen, auch die, welche ihn durchstochen haben; und es werden sich seinetwegen an die Brust schlagen alle Geschlechter der Erde! Ja, Amen."

Offenbarung 1,7

„Darum wachet! Denn ihr wisst nicht, an welchem Tag euer Herr kommt. … Denn der Sohn des Menschen kommt zu einer Stunde, wo ihr es nicht meint."

Matthäus 24,42.44

Dieses Buch ist ein Auszug aus dem weltbekannten Bestseller „Vom Schatten zum Licht" (Der große Kampf, Der große Konflikt) von Ellen G. White.

Der Ursprung des Bösen

Für viele Menschen ist der Ursprung der Sünde und der Grund ihres Daseins sehr verwirrend. Sie sehen die Auswirkungen der Sünde mit ihren schrecklichen Folgen, dem Kummer und der Verwüstung, und sie fragen sich, wie dies alles unter der Herrschaft des Einen bestehen kann, dessen Weisheit, Macht und Liebe unendlich ist. Das ist ein Geheimnis, für das sie keine Erklärung finden können. Und in ihrer Ungewissheit und ihrem Zweifel sind sie blind gegenüber den so klar in Gottes Wort offenbarten und zur Erlösung so wesentlichen Wahrheiten. Es gibt Menschen, die bei ihrem Forschen über das Dasein der Sünde Dinge zu ergründen suchen, die Gott nie offenbart hat. Daher finden sie auch keine Lösung ihrer Schwierigkeiten; und solche Menschen, die mit einem Hang zum Zweifeln oder zu Spitzfindigkeiten behaftet sind, führen diese Schwierigkeiten als Entschuldigung dafür an, dass sie die Worte der Heiligen Schrift verwerfen. Anderen fehlt ein zufriedenstellendes Verständnis der wichtigen Frage über die Sünde, weil herkömmliche Überlieferungen und falsche Auslegungen die Lehren der Bibel über das Wesen Gottes, die Art und Weise seiner Regierung und die Grundsätze seines Verfahrens mit der Sünde verdunkelt haben.

Es ist unmöglich, den Ursprung der Sünde so zu erklären, dass dadurch eine Begründung für ihr Dasein gegeben würde. Doch kann genug vom Ursprung und endgültigen Schicksal der Sünde verstanden werden, um die Gerechtigkeit und die Güte Gottes in seinem ganzen Umgang mit dem Bösen vollständig zu offenbaren. Die Heilige Schrift lehrt nichts deutlicher, als dass Gott in keiner Hinsicht für das Eindringen der Sünde verantwortlich war, und dass die Rebellion weder durch willkürliches Entziehen der göttlichen Gnade noch durch eine Unvollkommenheit in der göttlichen Regierung entstand. Die Sünde ist ein Eindringling, für dessen Aufkommen wir keine Ursache nennen können. Sie ist geheimnisvoll und seltsam. Sie zu entschuldigen, hieße sie zu verteidigen. Wäre ihr Dasein entschuldbar oder zu begründen, so hörte sie auf, Sünde zu sein. Unsere einzige Definition der Sünde entnehmen wir dem Wort Gottes – sie ist „Übertretung des Gesetzes“, sie ist die Ausübung eines Grundsatzes, der mit dem großen Gesetz der Liebe kollidiert, das die Grundlage der göttlichen Regierung bildet.

Bevor das Böse Eingang fand, herrschten Friede und Freude im ganzen Weltall. Alles befand sich in vollkommener Harmonie mit dem Willen des Schöpfers. Die Liebe zu Gott war über alles erhaben, die Liebe zueinander rein in ihren Beweggründen. Jesus, das Wort, der eingeborene Sohn Gottes, war eins mit dem ewigen Vater – eins in seiner Eigenart, eins in seinem Charakter und eins in seinem Vorhaben. Er ist das einzige Wesen im ganzen Weltall, das mit allen Ratschlüssen und Absichten Gottes vertraut war. Durch Jesus wirkte der Vater bei der Erschaffung aller himmlischen Wesen. „Durch ihn ist alles geschaffen, was im Himmel … ist, das Sichtbare und Unsichtbare, es seien Throne oder Herrschaften oder Fürstentümer oder Obrigkeiten.“ (Kolosser 1,16). Der ganze Himmel versprach Jesus und dem Vater Treue und Gehorsam.

Da das Gesetz der Liebe die Grundlage der Regierung Gottes war, hing das Glück aller erschaffenen Wesen von ihrer vollkommenen Übereinstimmung mit den erhabenen Grundsätzen der Gerechtigkeit ab. Gott wünscht sich, dass alle seine Geschöpfe ihm aus Liebe dienen, ihm huldigen, weil sie seinen Charakter verstehen und schätzen. Er hat kein Gefallen an erzwungener Treue. Allen Menschen schenkt er Willensfreiheit, damit sie ihm freiwillig dienen können.

Einer war jedoch da, der es vorzog, diese Freiheit zu missbrauchen. Die Sünde fing mit dem an, der neben Jesus am meisten von Gott geehrt worden war, und der unter den Bewohnern des Himmels an Macht und Ehre am höchsten stand. Vor seinem Fall war Luzifer der erste und schirmende Cherub, heilig und unbefleckt „So spricht Gott der Herr: Du warst das Abbild der Vollkommenheit, voller Weisheit und über die Maßen schön … Du warst ein glänzender, schirmender Cherub, und auf den heiligen Berg hatte ich dich gesetzt; ein Gott warst du und wandeltest inmitten der feurigen Steine. Du warst ohne Tadel in deinem Tun von dem Tage an, als du geschaffen wurdest, bis an dir Missetat gefunden wurde." (Hesekiel 28,12-15).

Von allen Engelscharen geliebt und geehrt, hätte Luzifer in der Gunst Gottes bleiben und seine ganze hohe Begabung zum Segen anderer und zur Verherrlichung seines Schöpfers einsetzen können. Aber der Prophet sagt: „Dein Herz hat sich überhoben wegen deiner Schönheit; du hast deine Weisheit um deines Glanzes willen verderbt." (Hesekiel 28,17). Ganz allmählich kam in Luzifer die Neigung zur Selbsterhebung auf: „Weil sich denn dein Herz erhebt, als wäre es eines Gottes Herz." „Gedachtest du doch … Ich will meinen Stuhl über die Sterne Gottes erhöhen; ich will mich setzen auf den Berg der Versammlung … ich will über die hohen Wolken fahren und gleich sein dem Allerhöchsten." (Hesekiel 28,6; Jesaja 14,13.14). Anstatt danach zu trachten, dass Gott durch die Anhänglichkeit und Treue seiner Geschöpfe über alles erhöht würde, war es Luzifers Bestreben, ihren Dienst und ihre Huldigung für sich zu gewinnen. Und indem er nach der Ehre verlangte, die der unendliche Vater seinem Sohn gegeben hatte, strebte dieser Engelfürst nach einer Macht, die ausschließlich Jesus vorbehalten war.

Der ganze Himmel hatte Freude daran gefunden, die Herrlichkeit des Schöpfers widerzustrahlen und seine Gerechtigkeit zu rühmen. Und während Gott auf diese Weise geehrt wurde, war alles von Frieden und Freude erfüllt gewesen. Doch nun störte ein Missklang die himmlische Harmonie. Sich selbst zu dienen und zu erheben war entgegen dem Plan des Schöpfers und erweckte unheilvolle Vorahnungen in Gemütern, denen die Verherrlichung Gottes das Höchste bedeutete. Der himmlische Rat verhandelte die Angelegenheit mit Luzifer. Der Sohn Gottes stellte ihm die Größe, Güte und Gerechtigkeit des Schöpfers und das heilige und unveränderliche Wesen seines Gesetzes vor Augen. Gott selbst habe die Ordnung des Himmels eingeführt, und Luzifer werde seinen Schöpfer verachten und sich ins Verderben stürzen, wenn er von dieser Ordnung abweiche. Aber die in unendlicher Liebe und Barmherzigkeit erteilte Warnung erregte nur den Geist des Widerstands. Luzifer ließ sich von Eifersucht gegen den Gesalbten beherrschen und handelte umso entschlossener.

Der Stolz auf seine Herrlichkeit förderte das Verlangen nach Überlegenheit. Die Luzifer erwiesenen hohen Ehren wurden von ihm nicht als Gabe Gottes anerkannt und stimmten ihn nicht dankbar gegen den Schöpfer. Er brüstete sich mit seiner Herrlichkeit und erhabenen Stellung und strebte danach, Gott gleich zu sein. Die himmlischen Heerscharen liebten und ehrten ihn. Engel fanden Freude daran, seine Anordnungen auszuführen. Er war mehr als sie alle mit Weisheit und Herrlichkeit ausgestattet. Dennoch war der Sohn Gottes der anerkannte Fürst des Himmels, eins mit dem Vater in Macht und Gewalt. An allen Ratschlüssen Gottes hatte Jesus Anteil, während Luzifer nicht so tief in die göttlichen Absichten eingeweiht wurde. Warum, so fragte dieser gewaltige Engel, sollte Jesus die Oberherrschaft haben? Warum wird er auf diese Weise höher geehrt als ich?

Luzifer verließ seinen Platz in der unmittelbaren Nähe Gottes und fing an, den Geist der Unzufriedenheit unter die Engel zu streuen. Während er geheimnisvoll und verschwiegen handelte und seine wahren Absichten eine Zeit lang unter dem Anschein der Ehrfurcht vor Gott verbarg, versuchte er, Unzufriedenheit über die den himmlischen Wesen gegebenen Gesetze zu stiften und argumentierte, sie seien unnötige Einschränkungen. Er behauptete, die Engel dürften ruhig den Eingebungen ihres eigenen Willens gehorchen, da sie von Natur aus heilig seien. Er versuchte, Mitgefühl für sich selbst zu gewinnen und stellte die Situation so dar, als behandelte Gott ihn ungerecht, indem er Jesus die höchste Ehre zukommen ließ. Er gab vor, nicht nach Selbsterhebung zu streben, wenn er mehr Macht und Ehre suche, sondern dass er die Freiheit für alle Himmelsbewohner sichern wolle, damit sie dadurch eine höhere Daseinsstufe erreichen könnten.

Gott trug Luzifer lange mit großer Barmherzigkeit. Er entließ ihn nicht sofort aus seiner hohen Stellung, als er begann, dem Geist der Unzufriedenheit nachzugeben – selbst dann noch nicht, als er seine falschen Behauptungen den treuen Engeln unterbreitete. Gott duldete ihn noch lange Zeit im Himmel. Immer wieder wurde ihm unter der Bedingung, dass er bereute und nachgab, Vergebung angeboten. So große Anstrengungen wurden unternommen, wie sie nur unendliche Liebe und Weisheit ersinnen konnten, um ihn seines Irrtums zu überführen. Bisher hatte man im Himmel den Geist der Unzufriedenheit nicht gekannt. Luzifer selbst sah anfangs nicht, wohin es ihn trieb und erkannte die wahre Natur seiner Gefühle nicht. Als dann nachgewiesen wurde, dass seine Unzufriedenheit unbegründet war, sah er ein, dass er sich im Unrecht befand, dass Gottes Ansprüche gerecht waren und er sie als solche vor dem ganzen Himmel anerkennen müsste. Hätte er dies getan, so hätte er sich selbst und viele Engel retten können, denn zu dieser Zeit hatte er sich noch nicht völlig von Gott losgelöst. Obwohl er seine Stellung als schirmender Engel verlassen hatte, wäre er doch wieder in sein Amt eingesetzt worden, wenn er sich zu Gott bekehrt und die Weisheit des Schöpfers anerkannt hätte und wenn er sich davon hätte überzeugen lassen, dass der erhabene Platz, den Gott ihm zugewiesen hatte, der beste ist. Aber sein Stolz hinderte ihn daran nachzugeben. Beharrlich verteidigte er sein Verhalten und behauptete, keine Buße nötig zu haben. Er hatte nichts im Sinn, als gegen seinen Schöpfer zu streiten.

Nun richtete er alle Kräfte seines gewaltigen Geistes auf Täuschungen, um bei den Engeln, die unter seinem Befehl gestanden hatten, Mitgefühl zu wecken. Sogar dass Jesus ihn gewarnt und ihn beraten hatte, verdrehte er für seine verräterischen Zwecke. Seinen engsten und liebsten Vertrauten hatte Satan es so dargestellt, als ob man ihn ungerecht beurteile, seine Stellung nicht achte und seine Freiheit beschränken wolle. Er stellte Jesu Worte nicht nur falsch dar, sondern verdrehte sie und log sogar direkt, indem er dem Sohn Gottes unterstellte, er wolle ihn vor den Bewohnern des Himmels demütigen. Auch versuchte er, Streit zwischen sich und den treuen Engeln zu säen. Alle, die er nicht verführen und völlig auf seine Seite ziehen konnte, klagte er an, ihnen sei das Wohl der himmlischen Wesen gleichgültig. Gerade das Werk, das er selbst betrieb, legte er denen zur Last, die Gott treu blieben. Und um seiner Klage über Gottes Ungerechtigkeit Nachdruck zu verleihen, stellte er die Worte und Handlungen des Schöpfers falsch dar. Es lag in seiner Absicht, die Engel mit spitzfindigen Beweisführungen an den Absichten Gottes zweifeln zu lassen. Alles Einfache hüllte er in den Schleier des Mysteriösen, und durch listige Verdrehungen stellte er die deutlichsten Aussagen des Allerhöchsten in Frage. Seine hohe Stellung am Hof der göttlichen Regierung verlieh seinen Vorspiegelungen eine umso größere Kraft und veranlasste viele Engel, sich der Rebellion gegen die himmlische Regierung anzuschließen.

Der allweise Gott gestattete es Satan, sein Werk weiterzuführen, bis der Geist der Unzufriedenheit zu offenem Aufruhr heranreifte. Seine Pläne mussten völlig ausreifen, damit ihr wahres Wesen und Streben von allen erkannt werden konnte. Luzifer hatte als gesalbter Cherub eine besonders hohe Stellung. Er wurde von den himmlischen Wesen sehr geliebt und hatte großen Einfluss auf sie. Gott regierte nicht nur die Geschöpfe des Himmels, sondern auch alle Welten, die er geschaffen hatte. Satan glaubte, falls er die Engel im Himmel mit in die Empörung hineinziehen könnte, würde er dasselbe auch auf anderen Welten zu Stande bringen. Sehr geschickt hatte er seinen Standpunkt in der Angelegenheit bekundet und Scheingründe und Betrug angewandt, um seine Absichten zu erreichen. Seine Täuschungskünste waren sehr groß, und indem er sich in ein Lügengewand kleidete, hatte er einen großen Vorteil gewonnen. Sogar die treuen Engel vermochten nicht völlig seinen Charakter zu durchschauen oder zu erkennen, wohin sein Tun führte.

Satan war so hoch geehrt worden, und alle seine Handlungen waren so geheimnisumwoben, dass es schwierig war, den Engeln das wahre Wesen seines Wirkens zu enthüllen. Bis zu seiner völligen Entfaltung konnte die Sünde nicht so böse erscheinen, wie sie wirklich war. Vorher hatte sie keinen Platz in Gottes Weltall gehabt. Den heiligen Wesen war ihre Natur und Bösartigkeit fremd. Sie konnten die schrecklichen Folgen nicht erkennen, die ein Beiseitesetzen des göttlichen Gesetzes nach sich zöge. Satan hatte zuerst sein Wirken durch scheinbare Treue zu Gott getarnt. Er gab vor, die Ehre Gottes, die Beständigkeit seines Reiches und das Wohl aller Himmelsbewohner fördern zu wollen. Während er den Engeln, denen er vorstand, Unzufriedenheit einflößte, gab er sich sehr geschickt den Anschein, als wolle er jede Unzufriedenheit beseitigen. Als er darauf drang, dass Veränderungen an den Gesetzen und Verordnungen von Gottes Regierung vorgenommen werden sollten, geschah es unter dem Vorwand, sie seien notwendig, um die Eintracht des Himmels zu wahren.

Im Umgang mit der Sünde konnte Gott nur mit Gerechtigkeit und Wahrheit vorgehen. Satan handelte, wie Gott nicht handeln konnte – durch Schmeichelei und Betrug. Er hatte versucht, Gottes Wort zu verfälschen, und hatte den Plan seiner Regierung den Engeln falsch dargestellt. Er behauptete, Gott sei nicht gerecht, wenn er den Bewohnern des Himmels Gesetze und Vorschriften auferlege. Er wolle sich nur selbst erheben, indem er von seinen Geschöpfen Unterwürfigkeit und Gehorsam fordere. Deshalb müsse sowohl den Bewohnern des Himmels als auch denen aller Welten klar gezeigt werden, dass Gottes Regierung gerecht und sein Gesetz vollkommen sei. Satan hatte sich den Anschein gegeben, als habe er selbst das Wohl des Weltalls im Blick. Alle sollten den wahren Charakter dieses Aufrührers und dessen eigentliche Absichten verstehen; deshalb müsse er Zeit erhalten, sich durch seine gottlosen Werke zu offenbaren.

Die Uneinigkeit, die durch sein Verhalten im Himmel entstanden war, legte Satan dem Gesetz und der Regierung Gottes zur Last. Alles Böse, erklärte er, sei die Folge der göttlichen Regierung. Er wollte die Satzungen Gottes verbessern. Deshalb war es notwendig, dass Gott das Wesen seiner Behauptungen aufdeckte und die Wirkung seiner vorgeschlagenen Veränderungen am göttlichen Gesetz praktisch zeigte. Sein eigenes Werk würde ihn verdammen. Er hatte von Anfang an behauptet, er sei kein Empörer, daher sollte das ganze Weltall ihn als Betrüger erkennen.

Selbst als beschlossen war, dass Satan nicht länger im Himmel bleiben könnte, vernichtete ihn die unendliche Weisheit nicht. Da Gott sich nur dienen lässt, wenn es aus Liebe geschieht, nimmt er von seinen Geschöpfen nur eine Treue an, die darauf beruht, dass sie von seiner Gerechtigkeit und Güte überzeugt sind. Die Bewohner des Himmels und anderer Welten hätten Gottes Gerechtigkeit und Barmherzigkeit nicht erkennen können, wenn Satan vernichtet worden wäre, weil sie unvorbereitet waren, das Wesen oder die Folgen der Sünde zu begreifen. Wäre er unmittelbar aus dem Dasein getilgt worden, hätten sie Gott mehr aus Furcht als aus Liebe gedient. Weder wäre der Einfluss des Betrügers völlig verwischt noch der Geist der Empörung ganz ausgetilgt worden. Das Böse musste reifen. Zum Wohl des gesamten Weltalls für ewige Zeiten durfte Satan seine Grundsätze ausführlicher entfalten, damit alle erschaffenen Wesen seine Anklagen gegen die göttliche Regierung im wahren Lichte sehen könnten und jeder Zweifel an der Gerechtigkeit und Barmherzigkeit Gottes sowie an der Unveränderlichkeit seines Gesetzes für immer ausgeräumt würde.

Satans Empörung sollte dem Weltall für alle künftigen Zeiten eine Lehre sein, ein beständiges Zeugnis über das Wesen und die schrecklichen Folgen der Sünde. Die Auswirkung der Grundsätze Satans und ihre Folgen auf Menschen und Engel würden zeigen, was geschieht, wenn man die göttliche Autorität missachtet. Es würde gezeigt werden, dass mit dem Bestehen der Regierung Gottes und seines Gesetzes das Wohlergehen aller von ihm erschaffenen Wesen verbunden ist. So würde die Geschichte dieser schrecklichen Rebellion für alle heiligen Wesen ein ständiger Schutz davor sein, dass sie sich in dem Wesen der Übertretung täuschen. Sie würde sie davor bewahren, Sünde zu begehen und ihre Konsequenzen zu erleiden.

Bis zum Ende der Auseinandersetzung im Himmel hörte der große Aufrührer nicht auf, sich zu rechtfertigen. Als angekündigt wurde, dass er mit all seinen Anhängern aus den Wohnstätten der Wonne verbannt werden müsse, erklärte der Rädelsführer kühn seine Verachtung für das Gesetz des Schöpfers. Er wiederholte immer wieder seine Behauptung, dass die Engel keine Aufsicht benötigten, sondern frei sein müssten, ihrem eigenen Willen zu folgen, der sie allezeit richtig führen werde. Er verachtete die göttlichen Satzungen als Beschränkung ihrer Freiheit und erklärte, dass er das Gesetz abschaffen wollte, damit die Heerscharen des Himmels, von diesem Zwang befreit, zu einem erhabeneren, herrlicheren Dasein gelangen möchten.

In völligem Einverständnis legten Satan und seine Scharen die Verantwortung für ihre Empörung ausnahmslos Jesus zur Last und behaupteten, sie hätten sich niemals aufgelehnt, wenn sie nicht gerügt worden wären. Da der Erzempörer und alle seine Anhänger hartnäckig und herausfordernd in ihrer Treulosigkeit verharrten, da sie sich vergeblich bemühten, die Regierung Gottes zu stürzen und sich dennoch Gott gegenüber lästernd als unschuldige Opfer einer ungerechten Macht hinstellten, wurden sie schließlich aus dem Himmel verbannt.

Derselbe Geist, der die Empörung im Himmel anstiftete, ist noch immer für den Aufruhr auf Erden zuständig. Satan verfolgt bei den Menschen denselben Plan, den er bei den Engeln anwandte. Sein Geist herrscht jetzt in den Kindern des Ungehorsams. Wie er versuchen auch sie die Schranken des Gesetzes Gottes niederzureißen und versprechen den Menschen Freiheit durch Übertretung seiner Verordnungen. Wegen der Sünde getadelt zu werden, erregt noch immer Hass und Widerstand. Reden Gottes Warnungsbotschaften den Menschen ins Gewissen, so verleitet Satan sie, sich zu rechtfertigen und bei anderen Sympathie für ihr sündiges Leben zu suchen. Statt ihre Irrtümer zu berichtigen, wehren sie sich gegen den Mahner, als sei er die einzige Ursache ihrer Schwierigkeit. Von den Tagen des gerechten Abels bis in unsere Zeit ist dieser Geist denen entgegengeschlagen, die es wagten, die Sünde zu verurteilen.

Genauso wie Satan Gottes Wesen im Himmel falsch darstellte, indem er Gott der Strenge und Herrschsucht bezichtigte, verleitete er die Menschen zur Sünde. Und als er damit Erfolg hatte, behauptete er, Gottes ungerechte Einschränkungen hätten zum Fall der Menschen geführt, wie sie auch Anlass zu seiner eigenen Empörung gewesen wären.

Aber der Ewige selbst verkündet sein Wesen als „Herr, Herr, Gott, barmherzig und gnädig und geduldig und von großer Gnade und Treue, der da Tausenden Gnade bewahrt und vergibt Missetat, Übertretung und Sünde, aber ungestraft lässt er niemand" (2. Mose 34,6.7).

Durch die Verbannung Satans aus dem Himmel bekundete Gott seine Gerechtigkeit und behauptete die Ehre seines Thrones. Als aber der Mensch sündigte, weil er auf die Täuschungen dieses abgefallenen Engelfürsten einging, bewies Gott seine Liebe, indem er seinen eingeborenen Sohn für die gefallene Menschheit in den Tod gab. In der Versöhnung offenbart sich das Wesen Gottes. Das Kreuz ist für das ganze Weltall der mächtigste Beweis, dass das sündige Verhalten Luzifers in keiner Hinsicht der Herrschaft Gottes zur Last gelegt werden kann.

Im Kampf zwischen Jesus und Satan wurde während Jesu irdischen Wirkens der Charakter des großen Betrügers entlarvt. Nichts nahm den himmlischen Engeln und dem ganzen gesetzestreuen Weltall derart die Zuneigung zu Satan wie dieser grausame Streit gegen den Erlöser der Welt. Die vermessene Lästerung seines Befehls, Jesus solle ihn anbeten; seine anmaßende Dreistigkeit, ihn auf den Berggipfel und die Tempelzinne zu tragen; die heimtückische Absicht hinter seinem Vorschlag, Jesus solle sich von dieser schwindelnden Höhe hinab stürzen; seine nie ruhende Bosheit, mit der er ihn von Ort zu Ort verfolgte und mit der er Priester und Volk anfeuerte, seine Liebe zu verwerfen; und schließlich der Schrei: „Kreuzige ihn! Kreuzige ihn!" – dies alles erregte das Erstaunen und die Entrüstung des Alls.

Satan verführte die Welt dazu, Jesus zu verwerfen. Der Fürst des Bösen wandte all seine Macht und Verschlagenheit an, Jesus zu verderben, denn er sah, dass des Heilands Barmherzigkeit und Liebe, seine mitleidsvolle Freundlichkeit und Teilnahme der Welt das Wesen Gottes veranschaulichten. Satan bestritt jeden Anspruch des Sohnes Gottes und benutzte Menschen als seine Werkzeuge, um das Leben des Heilands mit Leid und Sorge zu erfüllen. Mit Spitzfindigkeiten und Unwahrheiten versuchte er, Jesu Werk zu hindern. Er inspirierte die Kinder der Gesetzlosigkeit mit Hass und brachte grausame Anschuldigungen vor gegen den, dessen Leben ein beispielloser Liebesdienst war. All das entsprang einer tief sitzenden Rachsucht. Das aufgestaute Feuer des Neides und der Bosheit, des Hasses und der Rachsucht brach auf Golgatha gegen den Sohn Gottes hervor, während der ganze Himmel in stillem Entsetzen auf dieses Geschehen herabblickte.

Als das große Opfer vollbracht war, fuhr Jesus auf zum Vater, weigerte sich jedoch, die Verehrung der Engel anzunehmen, ehe er dem Vater die Bitte vorgelegt hatte: „Vater, ich will, dass, wo ich bin, auch die bei mir seien, die du mir gegeben hast." (Johannes 17,24). Dann erging mit unaussprechlicher Liebe und Macht die Antwort vom Thron Gottes: „Es sollen ihn alle Engel Gottes anbeten." (Hebräer 1,6). Kein Schandfleck blieb auf Jesus. Seine Erniedrigung war vorbei und sein Opfer vollbracht. Jetzt erhielt er einen Namen, der alle Namen übertrifft.

Nun wurde deutlich, dass es für Satans Vergehen keine Entschuldigung gab. Er hatte seinen wahren Charakter als Lügner und Mörder offenbart. Es zeigte sich, dass er denselben Geist, mit dem er die unter seiner Macht stehenden Menschen regierte, auch im Himmel bekundet hätte, wäre es ihm gestattet gewesen, über dessen Bewohner zu herrschen. Er hatte behauptet, die Übertretung des Gesetzes Gottes bringe Freiheit und Verbesserung – stattdessen zeigte es sich, dass Sklaverei und Entwürdigung die Folge waren.

Satans verlogene Anschuldigungen gegen Gottes Charakter und Regierung waren entlarvt. Er hatte unterstellt, Gott fordere von seinen Geschöpfen Unterwerfung und Gehorsam, nur um sich selbst zu erhöhen. Außerdem würde der Schöpfer zwar allen anderen Selbstverleugnung abverlangen, sie aber weder selbst üben noch Opfer bringen. Nun wurde jedoch sichtbar, dass der Herrscher des Weltalls das größte Opfer gebracht hatte, das die Liebe zu bringen vermochte, und zwar, um den gefallenen und sündigen Menschen zu retten. „Denn Gott war in Christus und versöhnte die Welt mit sich selber." (2. Korinther 5,19). Man sah auch, dass Luzifers Verlangen nach Ehre und Überlegenheit der Sünde Einlass verschafft hatte, während Jesus sich selbst gedemütigt hatte und bis zum Tod gehorsam wurde, um die Sünde auszutilgen.

Gott hatte seinen Abscheu gegen die Grundsätze der Empörung deutlich bekundet. Der gesamte Himmel erkannte sowohl in der Verurteilung Satans als auch in der Erlösung des Menschen eine Offenbarung von Gottes Gerechtigkeit. Luzifer hatte erklärt, dass jeder Übertreter auf ewig von der Gunst des Schöpfers ausgeschlossen sein müsste, wenn das Gesetz Gottes unveränderlich und der Preis für seine Übertretung unerlässlich sei. Er hatte behauptet, das sündige Menschengeschlecht könnte nicht erlöst werden und deshalb wäre es scine verdiente Beute. Aber Jesu Tod war ein unumstößlicher Beweis zu Gunsten der Menschen. Die Strafe des Gesetzes fiel auf den, der Gott gleich war, und der Mensch durfte Jesu Gerechtigkeit annehmen und durch einen bußfertigen und demütigen Wandel über die Macht Satans triumphieren, wie auch der Sohn Gottes triumphiert hatte. Somit ist Gott gerecht und macht doch alle gerecht, die an Jesus glauben.

Jesus kam aber nicht nur auf diese Erde, um durch sein Leiden und Sterben die Erlösung des Menschen zu erwirken; er kam auch, um das „Gesetz herrlich und groß" zu machen. Nicht allein, damit die Bewohner dieser Welt das Gesetz achten sollen, wie es ihm zusteht, sondern um allen Welten der ganzen Schöpfung zu beweisen, dass das Gesetz Gottes unveränderlich ist. Wären seine Ansprüche aufhebbar gewesen, dann hätte der Sohn Gottes nicht sein Leben opfern müssen, um die Übertretung zu sühnen. Jesu Tod beweist die Unveränderlichkeit des Gesetzes. Unendliche Liebe bewog den Vater und den Sohn zu diesem Opfer, damit Sünder erlöst werden können. Dies zeigt dem ganzen Weltall – wie nichts Geringeres als dieser Erlösungsplan es hätte zeigen können –, dass Gerechtigkeit und Barmherzigkeit die Grundlage des Gesetzes und der Regierung Gottes sind.

Beim letzten Gerichtsvollzug wird sich herausstellen, dass kein Grund für die Sünde existiert. Wenn der Richter der ganzen Erde Satan fragen wird: „Warum hast du dich gegen mich empört und mich der Untertanen meines Reiches beraubt?“, wird der Vater des Bösen keine Entschuldigung vorbringen können. Aller Mund wird verstopft werden, und die Rebellenstreitkräfte werden sprachlos sein.

Während das Kreuz auf Golgatha das Gesetz als unveränderlich erklärt, verkündet es der Welt, dass der Lohn der Sünde der Tod ist. Mit dem Todesruf des Heilandes *„Es ist vollbracht!“* läutete Satans Totenglocke. Die große, so lange andauernde Kontroverse wurde in diesem Augenblick entschieden und es gab keinen Zweifel mehr, dass die Sünde endgültig beseitigt werden würde. Der Sohn Gottes ging durch die Tore des Todes, „damit er durch seinen Tod die Macht nähme dem, der Gewalt über den Tod hatte, nämlich dem Teufel“ (Hebräer 2,14). Luzifers Verlangen nach Selbsterhebung hatte ihn zu dem Wunsch verleitet: „Ich will … meinen Thron über die Sterne Gottes erhöhen … ich will … gleich sein dem Allerhöchsten.“ Gott sprach: „Darum will ich … dich zu Asche machen auf der Erde … dass du … nimmer mehr aufkommen kannst.“ (Jesaja 14,12.14; Hesekiel 28,18.19). „Denn siehe, es kommt ein Tag, der brennen soll wie ein Ofen; da werden alle Verächter und Gottlosen Stroh sein, und der künftige Tag wird sie anzünden, spricht der Herr Zebaoth, und wird ihnen weder Wurzel noch

Zweige lassen.“ (Maleachi 3,19). Das ganze Weltall wird Zeuge des Wesens und der Folgen der Sünde werden. Wäre sie gleich zu Anfang eliminiert worden, hätte das die Engel in Furcht versetzt und Gott Schande gebracht. Nun bewahrheitet sich seine Liebe gerade in ihrer völligen Ausrottung und seine Ehre beweist sich vor allen Geschöpfen des Weltalls. Nun ist es ihre größte Freude, seinen Willen zu tun. Sein Gesetz ist in ihre Herzen geschrieben. Nie wieder wird das Böse auftreten. Das Wort Gottes sagt: „Es wird das Unglück nicht zweimal kommen.“ (Nahum 1,9). Das Gesetz Gottes, das Satan als ein Sklavenjoch geschmäht hat, wird als Gesetz der Freiheit geehrt werden. Die geprüfte und erprobte Schöpfung wird nie wieder ihre Hingabe von dem Einen wenden, dessen Wesen sich ihnen völlig offenbart hat als unergründlich liebevoll und unendlich weise.

Die erste grosse Täuschung

Von der frühesten Geschichte der Menschheit an war Satan bemüht, unser Geschlecht zu verführen. Der im Himmel die Rebellion ins Rollen gebracht hatte, wollte die Bewohner der Erde für den Streit gegen Gottes Regierung gewinnen. Adam und Eva lebten im Einklang mit Gottes Gesetz vollkommen glücklich, und dies widerlegte ständig Satans Behauptung im Himmel, Gottes Gesetz unterdrücke seine Geschöpfe und stehe ihrem Glück entgegen. Auch wurde Satan eifersüchtig, als er die schöne Heimat des sündlosen Paares betrachtete. Er beschloss daher, die Menschen zu Fall zu bringen, um dann dem Allerhöchsten zum Trotz die Erde einzunehmen und dort sein eigenes Reich aufzurichten, nachdem er sie von Gott getrennt und unter seine eigene Macht gebracht hatte.

Hätte er seinen wahren Charakter gezeigt, so wäre er gleich zurückgewiesen worden, denn Gott hatte Adam und Eva vor diesem gefährlichen Feind gewarnt. Doch Satan wirkte im Verborgenen und verhüllte seine Absicht, um sein Ziel umso sicherer zu erreichen. Er benutzte die Schlange, damals ein anmutiges Geschöpf, als Werkzeug und wandte sich an Eva: „Ja, sollte Gott gesagt haben: Ihr sollt nicht essen von allerlei Bäumen im Garten?“ (1. Mose 3,1). Hätte sich Eva nicht auf ein Gespräch mit dem Versucher eingelassen, wäre sie bewahrt geblieben, doch sie wagte es, mit ihm zu sprechen und unterlag seiner List und Tücke. So werden noch immer viele Menschen besiegt. Statt seine Gebote zu befolgen, bezweifeln und bestreiten sie Gottes Aufforderungen und lassen menschliche Theorien gelten, die lediglich ein Tarnmantel Satans sind.

„Da sprach die Frau zu der Schlange: Wir essen von den Früchten der Bäume im Garten; aber von den Früchten des

Baumes mitten im Garten hat Gott gesagt: Esset nicht davon, rühret sie auch nicht an, dass ihr nicht sterbet! Da sprach die Schlange zur Frau: Ihr werdet keineswegs des Todes sterben, sondern Gott weiß: An dem Tage, da ihr davon esst, werden eure Augen aufgetan, und ihr werdet sein wie Gott und wissen, was gut und böse ist." (1. Mose 3,2-5). Satan erklärte, sie würden wie Gott werden: mit größerer Weisheit begabt als zuvor und zu einer höheren Daseinsstufe befähigt. Eva gab der Versuchung nach, und durch ihren Einfluss wurde auch Adam zur Sünde verführt. Sie glaubten den Worten der Schlange, dass Gott nicht meinte, was er sagte. Sie misstrauten ihrem Schöpfer und bildeten sich ein, dass er ihre Freiheit beschränke und sie stattdessen große Weisheit und eine hohe Stellung erlangen könnten, wenn sie sein Gesetz übertreten würden.

Doch was erkannte Adam, nachdem er gesündigt hatte, in den Worten: „An dem Tage, da du davon isst, musst du des Todes sterben." (1. Mose 2,17)? Wurde er, wie Satan behauptet hatte, in eine höhere Daseinsstufe versetzt? Dann wäre tatsächlich durch die Übertretung ein großer Gewinn erzielt worden, und Satan wäre der Wohltäter der Menschheit gewesen. Aber Adam stellte lediglich fest, dass dies keinesfalls der Sinn des göttlichen Ausspruchs war. Gott hatte erklärt, dass der Mensch infolge seiner Sünde wieder zu Erde werden müsse, von der er genommen war: „Du bist Erde und sollst zu Erde werden." (1. Mose 3,19). Die Worte Satans: Dann „werden eure Augen aufgetan", erwiesen sich als wahr, aber nur in einem gewissen Sinne, denn nachdem Adam und Eva Gott ungehorsam waren, wurden ihnen die Augen geöffnet, damit sie ihre Torheit einsähen. Sie erkannten das Böse und schmeckten die bittere Frucht der Übertretung.

In der Mitte des Gartens wuchs der Baum des Lebens, dessen Frucht die Kraft hatte, das Leben für immer zu erhalten. Wäre Adam Gott treu geblieben, so hätte er stets den freien Zugang zu diesem Baum gehabt und würde ewig gelebt haben. Als er aber sündigte, versperrte Gott ihm den Weg zum Lebensbaum und er geriet unter den Einfluss des Todes. Der göttliche Urteilsspruch: „Du bist Erde und sollst zu Erde werden!“, wies auf das vollständige Erlöschen des Lebens hin.

Die dem Menschen bei Treue verheißene Unsterblichkeit war durch die Übertretung verwirkt worden. Adam konnte seinen Nachkommen nichts weitergeben, was er selbst nicht besaß, und es hätte keine Hoffnung für die gefallene Menschheit gegeben, wenn Gott die Unsterblichkeit durch die Hingabe seines Sohns nicht in Reichweite des Menschen gebracht hätte. Während „der Tod zu allen Menschen durchgedrungen“ ist, „weil sie alle gesündigt haben“, hat Jesus „das Leben und ein unvergängliches Wesen ans Licht gebracht durch das Evangelium“ (Römer 5,12; 2. Timotheus 1,10). Durch Jesus allein kann Unsterblichkeit erlangt werden. Er sagte: „Wer an den Sohn glaubt, der hat das ewige Leben. Wer dem Sohn nicht glaubt, der wird das Leben nicht sehen.“ (Johannes 3,36). Jeder Mensch kann diesen unschätzbaren Segen erhalten, wenn er die Bedingungen erfüllt. Alle, „die mit Geduld in guten Werken trachten nach dem ewigen Leben“, empfangen „Preis und Ehre und unvergängliches Wesen“ (Römer 2,7).

Der Einzige, der Adam Leben im Ungehorsam versprach, war der große Betrüger. Die Erklärung, die die Schlange der Eva im Paradies gab: „Ihr werdet keineswegs des Todes sterben!“, war die erste Predigt über die Unsterblichkeit der Seele. Und doch hallt diese Erklärung, die allein auf Satans Autorität beruht, von den Kanzeln der Christenheit wider und wird von den meisten Menschen ebenso bereitwillig geglaubt wie damals von unseren ersten Eltern. Der göttliche Richterspruch: „Denn nur wer sündigt, der soll sterben“ (Hesekiel 18,20), wird so gedeutet: Wer sündigt, soll nicht sterben, sondern ewig leben. Wir können uns nur wundern über die seltsame Verblendung, die die Menschen veranlasst, Satans Worten so leicht Glauben zu schenken und Gottes Wort so stark anzuzweifeln.

Hätte der Mensch nach seinem Fall freien Zugang zum Baum des Lebens gehabt, so würde er ewig gelebt haben. Damit wäre die Sünde unsterblich geworden. Aber „die Cherubim mit dem flammenden, blitzenden Schwert“ bewachen „den Weg zu dem Baum des Lebens“ (1. Mose 3,24), und keinem aus der Familie Adams war es möglich, die Schranke zu überschreiten und von der lebenspendenden Frucht zu essen. Deshalb gibt es auch keinen unsterblichen Sünder.

Doch nach dem Sündenfall hieß Satan seine Engel, besonderen Einsatz zu bringen, um dem Glauben an die natürliche Unsterblichkeit des Menschen Geltung zu verschaffen. Sobald die Menschen zur Annahme dieses Irrtums verleitet worden waren, sollten sie einen Schritt weiter geführt werden: nämlich zu glauben, dass der Sünder in ewiger Qual leben müsse. Durch seine Untergebenen lässt der Fürst der Finsternis Gott als rachsüchtigen Tyrannen darstellen und erklärt, dass dieser alle in die Hölle stößt, die ihm nicht passen. Dort würden sie auf ewig seinen Zorn zu spüren bekommen. Ihr Schöpfer schaue dann mit Genugtuung auf sie herab, während sie unaussprechliche Qualen erlitten und sich in den ewigen Flammen vor Schmerzen wänden.

Dadurch schreibt der Erzfeind dem Schöpfer und Wohltäter der Menschen seine eigenen Eigenschaften zu. Grausamkeit ist satanisch. Gott ist die Liebe, und alles, was er schuf, war rein, heilig und schön, bis durch den ersten großen Rebellen die Sünde aufkam. Satan selbst ist der Feind, der Menschen zur Sünde verführt und sie dann wenn möglich vernichtet. Hat er sein Opfer sicher, freut er sich über das Verderben, das er verursacht hat. Könnte er, wie er wollte, so ließe er die ganze Menschheit in seinem Netz zappeln. Hätte die göttliche Macht sich nicht eingeschaltet, würde ihm nicht ein Sohn, nicht eine Tochter Adams entrinnen.

Satan versucht auch heute noch, die Menschen zu überwinden, wie er unsere ersten Eltern überwand: Er erschüttert ihr Vertrauen auf ihren Schöpfer und lässt sie an der Weisheit seiner Regierung und der Gerechtigkeit seiner Gesetze zweifeln. Satan und seine Gesandten stellen Gott schlimmer dar, als sie selbst sind, um ihre eigene Bosheit und Empörung zu rechtfertigen. Der große Betrüger versucht, seinen schrecklich grausamen Charakter unserem himmlischen Vater unterzuschieben. Er möchte damit selbst als ein Wesen erscheinen, dem man großes Unrecht zugefügt habe, als er aus dem Himmel verstoßen wurde, weil er sich einem so ungerechten Herrscher nicht unterwerfen wollte. Er malt der Welt die Freiheit vor Augen, der sie sich unter seiner milden Herrschaft erfreuen könnte und stellt sie der Sklaverei gegenüber, die ihr der Herr durch seine unnachgiebigen Anordnungen auferlege. So gelingt es ihm, Menschen von Gott abzuwerben.

Wie unvereinbar mit jeder Regung von Liebe und Barmherzigkeit, ja selbst mit unserem Sinn von Gerechtigkeit ist die Lehre, dass die gottlosen Toten mit Feuer und Schwefel in einer ewig brennenden Hölle gepeinigt werden; dass sie für die Sünden eines kurzen irdischen Lebens so lange leiden müssen, wie Gott lebt! Und doch ist dies allgemein gelehrt worden, ja diese Lehre findet sich noch heute in vielen christlichen Glaubensbekenntnissen. Ein angesehener Theologe sagte: „Der Anblick der Höllenqualen wird das Glück der Heiligen stetig steigern. Sie sehen, wie andere, die dieselbe Natur haben wie sie und unter den gleichen Umständen geboren wurden, schreckliche Qualen leiden, während sie selbst hohes Ansehen genießen. Dies wird ihnen ihr eigenes Glück erst so richtig bewusst machen.“ Ein anderer formulierte es folgendermaßen: „Während das vernichtende Urteil ewig an den Gefäßen des Zorns vollstreckt wird, steigt der Rauch ihrer Qual ewig in Sichtweite der Gefäße der Gnade auf, die, statt am Schicksal dieser Elenden Anteil zu nehmen, sagen werden: Halleluja! Lobt den Herrn!“

Wo finden sich in Gottes Wort solche Lehren? Haben die Erlösten im Himmel einmal keine Gefühle des Mitleids und des Erbarmens mehr? Werden sie keiner normalen menschlichen Empfindungen mehr fähig sein? Werden sie stattdessen von stoischer Gelassenheit oder brutaler Grausamkeit erfüllt sein? – Nie und nimmer! Das lehrt Gottes Wort nicht! Menschen, die solche Ansichten wie in den genannten Zitaten vertreten, mögen gelehrt und sogar aufrichtig sein, aber haben sich von Satans Klügelei irreführen lassen. Er verleitet sie, starke Formulierungen in der Heiligen Schrift fehlzudeuten und der Sprache eine Färbung zu geben, die seiner Verbitterung und Bosheit entspricht, aber nicht dem Wesen unseres Schöpfers. „So wahr ich lebe, spricht Gott der Herr: ich habe kein Gefallen am Tode des Gottlosen, sondern dass der Gottlose umkehre von seinem Wege und lebe. So kehrt nun um von euren bösen Wegen. Warum wollt ihr sterben?“ (Hesekiel 33,11).

Würde es für Gott sprechen, wenn wir behaupten wollten, er weide sich am Anblick endloser Qualen, erquicke sich am Stöhnen, dem Geschrei und den Verwünschungen leidender Geschöpfe, die er in den Flammen der Hölle gefangen hält? Können diese entsetzlichen Laute Musik in den Ohren unendlicher Liebe sein? Man behauptet, die Verhängung endlosen Elends über die Gottlosen bekunde Gottes Hass gegen die Sünde, die den Frieden und die Ordnung im Weltall zerstöre. Welch entsetzliche Gotteslästerung! Als ob Gottes Hass gegen die Sünde ein Grund sei, sie lebendig zu erhalten! Denn nach den Lehren dieser Theologen macht fortgesetzte Qual ohne Hoffnung auf Gnade die elenden Opfer rasend – und da sich ihre Wut in Flüchen und Gotteslästerungen äußert, vergrößern sie ständig ihre Schuldenlast. Gottes Glanz wird durch so eine endlose Verewigung ständig zunehmender Sünde nicht herrlicher.

Es übersteigt das menschliche Denkvermögen, das Unheil abzuschätzen, das durch die Irrlehre von der ewigen Qual bis heute angerichtet wird. Die Religion der Bibel, die voller Liebe und Güte und überaus reich an Mitgefühl ist, wird durch Aberglauben verfinstert und in Schrecken gehüllt. Ist es da verwunderlich, dass unser gnadenvoller Schöpfer gefürchtet, gescheut und sogar gehasst wird, wenn wir bedenken, in welchen falschen Farben Satan das Wesen Gottes malt? Die entsetzlichen Vorstellungen von Gott, wie sie durch jene Lehren von der Kanzel herunter über die Welt verbreitet wurden, haben Tausende, ja Millionen von Zweiflern und Ungläubigen hervorgebracht.

Die Theorie der ewigen Qual ist eine der falschen Lehren, die zum Gräuelwein des geistlichen Babylons gehören, mit dem es die Völker trunken macht (Offenbarung 14,8; 17,2). Wie Jesu Mitarbeiter diese falsche Lehre annehmen und sie in ihren Predigten verkündigen konnten, ist in der Tat unverständlich. Sie haben sie, wie auch den falschen Sabbat, von Rom übernommen. Wohl haben auch große und gute Männer diese Lehre gepredigt, aber sie hatten darüber nicht die Erkenntnis, die wir heute haben. Sie waren nur für das Licht verantwortlich, das zu ihrer Zeit schien – wir hingegen werden einmal Rechenschaft abzulegen haben über das Licht, das in unserer Zeit scheint. Wenden wir uns von den Aussagen in Gottes Wort ab und nehmen falsche Lehren an, weil unsere Väter sie verbreiteten, so trifft uns das Urteil, das über Babylon gesprochen wurde. Wir trinken vom Wein ihrer Gräuel.

Sehr viele Menschen, denen die Lehre von einer ewigen Qual zuwider ist, werden in den entgegengesetzten Irrtum getrieben. Sie sehen, dass die Heilige Schrift Gott als ein Wesen der Liebe und Barmherzigkeit darstellt, und können nicht glauben, dass er seine Geschöpfe dem verzehrenden Feuer einer ewig brennenden Hölle überlassen würde.

Durch die Behauptung, dass die Seele an sich unsterblich sei, schlussfolgern sie, dass alle Menschen schließlich gerettet werden. Die Drohungen der Bibel sind – ihres Erachtens – nur dazu bestimmt, die Menschen durch Furcht zum Gehorsam zu bringen. Sie werden sich also nicht buchstäblich erfüllen. Auf diese Weise kann der Sünder in selbstsüchtigem Vergnügen dahinleben, Gottes Bestimmungen missachten und doch erwarten, schließlich in Gnaden angenommen zu werden. Eine solche Lehre, die von Gottes Gnade ausgeht, aber sein Recht unbeachtet lässt, schmeichelt dem fleischlichen Herzen und ermutigt die Gottlosen in ihrer Ungerechtigkeit. Um zu zeigen, wie Menschen, die die Allversöhnung glauben, die Bibel verdrehen, um ihre seelentötenden Lehren zu stützen, braucht man nur ihre eigenen Aussagen zu zitieren. Beim Begräbnis eines ungläubigen jungen Mannes, der in einem Unfall auf der Stelle umgekommen war, wählte ein solcher Geistlicher als Text die auf David bezogene Aussage der Bibel: „Er hatte sich getröstet über Amnon, dass er tot war.“ (2. Samuel 13,39).

„Man fragt mich häufig“, sagte der Sprecher, „was das Schicksal jener sein werde, die in Sünden die Welt verlassen, die vielleicht in betrunkenem Zustand sterben, wo die Scharlachflecken des Verbrechens nicht aus ihren Kleidern gewaschen worden sind, oder das Schicksal jener, die sterben wie dieser junge Mann, der nie nach dem Glauben gefragt oder seinen Segen erfahren hat. Wir begnügen uns mit der Heiligen Schrift. Ihre Antwort soll die schwierige Aufgabe lösen. Amnon war überaus sündig. Er war unbußfertig, man ließ ihn sich betrinken und brachte ihn in diesem Zustand um. David war ein Prophet Gottes. Er muss gewusst haben, ob es Amnon in der zukünftigen Welt schlecht oder gut gehen würde. Was waren die Äußerungen seines Herzens? ‚Und der König hörte auf, mit Absalom zu hadern, denn er hatte sich getröstet über Amnon, dass er tot war.‘ (2. Samuel 13,39)

Was können wir aus diesen Worten schließen? Doch, dass es in seinem Glauben keinen Platz für endlose Qualen gab! Somit haben wir hier einen schlüssigen Beweis entdeckt, um die angenehmere, einleuchtendere und wohltätigere Annahme zu stützen, dass schlussendlich alle gereinigt und versöhnt werden. Er hatte sich getröstet darüber, dass sein Sohn tot war. Warum? Weil er mit prophetischem Auge in die herrliche Zukunft blicken könne und sehe: Jener Sohn sei nun so weit entfernt von allen Versuchungen, befreit von der Knechtschaft und gereinigt von der Verderbtheit der Sünde, dass er hinreichend geheiligt und erleuchtet werden könne, um in die Versammlung der zum Himmel aufgefahrenen, jubelnden Geister aufgenommen zu werden. Sein einziger Trost war, dass sein geliebter Sohn, entrückt aus dem gegenwärtigen Zustand der Sünde und des Leidens, dorthin versetzt worden sei, wo das erhabenste Wehen des Heiligen Geistes seine verfinsterte Seele umgab, wo sich sein Gemüt der Weisheit des Himmels und dem Liebreiz unsterblicher Liebe öffnen würde und er, auf diese Weise ausgerüstet mit einem geheiligten Wesen, die Ruhe und Gemeinschaft des himmlischen Erbes genießen könne.

So möchten wir unseren Glauben darlegen, dass unsere himmlische Rettung von nichts abhängt, was wir in diesem Leben tun können, weder von einer gegenwärtigen Herzensveränderung noch von einem jetzigen Glaubensbekenntnis.“

Auf diese Weise wiederholte der angebliche Mitarbeiter Jesu die von der Schlange im Paradies ausgesprochene Lüge: „Ihr werdet mitnichten des Todes sterben … Welches Tages ihr davon esset, so werden eure Augen aufgetan, und werdet sein wie Gott.“ Er erklärte, dass der gröbste Sünder, ob Mörder, Dieb oder Ehebrecher, nach dem Tod auf ein Leben in unsterblicher Wonne vorbereitet wird.

Und worauf gründet sich dieser Verfälscher der Heiligen Schrift? Auf einen Satz, der zum Ausdruck bringt, dass David das Wirken der Vorsehung akzeptierte. „Und der König hörte auf, mit Absalom zu hadern; denn er hatte sich getröstet über Amnon, dass er tot war." (2. Samuel 13,39). Nachdem die Heftigkeit seines Schmerzes allmählich nachgelassen hatte, wandten sich seine Gedanken von dem toten dem lebendigen Sohn zu, der aus Furcht vor der gerechten Strafe seines Verbrechens freiwillig in die Verbannung gegangen war. Und das soll der Beweis dafür sein, dass Amnon, der seine Halbschwester vergewaltigt hatte und im betrunkenen Zustand ermordet worden war, unmittelbar nach dem Tod an den Ort der Wonne entrückt worden sei, um dort gereinigt und zubereitet zu werden für die Gemeinschaft sündloser Engel? Ein wohlklingendes Märchen, das in der Tat geeignet ist, das fleischliche Herz zu befriedigen! Dies ist Satans eigene Lehre, und sie tut erfolgreich sein Werk. Dürfen wir uns wundern, dass bei solcher Belehrung die Bosheit zunimmt?

In die Richtung dieses falschen Lehrers gehen auch viele andere. Einige wenige Worte der Heiligen Schrift werden aus dem Zusammenhang gerissen, der in vielen Fällen zeigen würde, dass ihr Sinn gerade das Gegenteil aussagt. Dann werden diese aus dem Zusammenhang gerissenen Stellen verdreht und als Beweis für Lehren gebraucht, die im Wort Gottes keine Grundlage haben. Der scheinbare Beweis dafür, dass der betrunkene Amnon im Himmel sei, beruht lediglich auf einer falschen Schlussfolgerung, die der deutlichen und bestimmten Erklärung der Heiligen Schrift direkt widerspricht, nämlich: dass niemand, der trinkt, das Reich Gottes ererben kann (1. Korinther 6,10 Neue Genfer). So verwandeln Zweifler, Ungläubige und Skeptiker die Wahrheit Gottes in eine Lüge; viele lassen sich durch solche Ideen täuschen und wiegen sich in fleischlicher Sicherheit.

Wenn es stimmen würde, dass die Seelen aller Menschen beim Tod sofort in den Himmel kämen, dann wünschten wir uns wohl eher den Tod als das Leben. Viele sind durch diesen Glauben dazu verleitet worden, ihrem Dasein ein Ende zu bereiten. Von Sorgen, Schwierigkeiten und Enttäuschungen überwältigt, scheint es leicht zu sein, den zarten Lebensfaden zu zerreißen und sich zu den Wonnen der ewigen Welt aufzuschwingen.

Gott hat in seinem Wort eindeutige Beweise gegeben, dass er die Übertreter seines Gesetzes bestrafen wird. Wer sich einbildet, Gott sei zu barmherzig, als dass sein Recht auch für den Sünder gelte, braucht nur auf das Kreuz von Golgatha zu schauen. Der Tod des makellosen Gottessohnes bezeugt, dass der Tod „der Sünde Sold ist" (Römer 6,23) und jede Übertretung von Gottes Gesetz ihre gerechte Vergeltung nach sich zieht. Jesus, der Sündlose, wurde für uns zur Sünde. Er ertrug die Schuld der Übertretung und dass sein Vater sein Angesicht vor ihm verhüllte, bis sein Herz brach und sein Leben aus ihm wich. Dieses große Opfer wurde gebracht, damit Sünder erlöst werden könnten. Auf keine andere Weise war es möglich, den Menschen von den schlimmen Folgen der Sünde zu befreien. Jeder Mensch, der die so teuer erkaufte Versöhnung nicht erleben will, muss die Schuldenlast und Konsequenzen der Übertretung selbst tragen.

Wir wollen nun sehen, was die Bibel weiter über Gottlose und Unbußfertige sagt, die der Vertreter der Allversöhnung als heilige, glückliche Engel im Himmel sieht. „Ich will dem Durstigen geben von dem Brunnen des lebendigen Wassers umsonst." (Offenbarung 21,6) Diese Verheißung gilt nur denen, die durstig sind. Nur die werden damit versorgt, die sich nach dem Lebenswasser sehnen und es unter allen Umständen bekommen wollen. „Wer überwindet, der wird es alles ererben, und ich werde sein Gott sein, und er wird mein Sohn sein." (Vers 7). Hier werden ebenfalls Bedingungen genannt. Um alles zu ererben, heißt es, der Sünde zu widerstehen und sie zu überwinden.

Der Herr erklärt durch den Propheten Jesaja: „Heil den Gerechten, sie haben es gut! … Wehe aber den Gottlosen, sie haben es schlecht! Denn es wird ihnen vergolten werden, wie sie es verdienen." (Jesaja 3,10.11). „Wenn auch ein Sünder hundertmal Böses tut und lange lebt, so weiß ich doch, dass es denen gut gehen wird, die Gott fürchten, die sich scheuen vor seinem Angesicht. Aber dem Gottlosen wird es nicht gut ergehen", sagt Salomo (Prediger 8,12.13). Und Paulus bezeugt, dass der Gottlose sich selbst „Zorn an[häuft] für den Tag des Zorns und der Offenbarung des gerechten Gerichtes Gottes, der einem jeden geben wird nach seinen Werken … Trübsal und Angst über alle Seelen der Menschen, die das Böse tun" (Römer 2,5.6.8). „Das sollt ihr wissen, dass kein Hurer oder Unreiner oder Geiziger, welcher ist ein Götzendiener, Erbe hat in dem Reich Christi und Gottes." (Epheser 5,5). „Jagt dem Frieden nach mit jedermann und der Heiligung, ohne die niemand den Herrn sehen wird." (Hebräer 12,14). „Selig sind, die seine Gebote halten, auf dass sie Macht haben an dem Holz des Lebens und zu den Toren eingehen in die Stadt. Denn draußen sind die Hunde und die Zauberer und die Hurer und die Totschläger und die Abgöttischen und alle, die lieb haben und tun die Lüge." (Offenbarung 22,14.15).

Gott hat den Menschen sein Wesen und seinen Umgang mit der Sünde erklärt: „Herr, Herr, Gott, barmherzig und gnädig und geduldig und von großer Gnade und Treue! Der da Tausenden Gnade bewahrt und vergibt Missetat, Übertretung und Sünde, aber ungestraft lässt er niemand." (2. Mose 34,6.7). „Der Herr … wird vertilgen alle Gottlosen." „Die Übertreter werden vertilgt miteinander, und die Gottlosen werden zuletzt ausgerottet." (Psalm 145,20; 37,38). Wohl wird die Rebellion durch die

Macht und Autorität der göttlichen Regierung niedergeschlagen, dennoch werden alle Bekundungen ausgleichender Gerechtigkeit vollkommen mit dem Charakter des Gottes übereinstimmen, der barmherzig, langmütig und gütig ist.

Gott zwingt niemand seinen Willen oder sein Urteil auf. Er hat keine Freude an sklavischem Gehorsam. Er möchte, dass seine Geschöpfe ihn lieben, weil er liebenswürdig ist. Er will, dass sie ihm folgen, weil sie seine Weisheit, Gerechtigkeit und Güte schätzen. Wer eine richtige Vorstellung von diesen Eigenschaften hat, wird ihn lieben, weil er sich in Bewunderung seines Wesens zu ihm hingezogen fühlt.

Die Grundsätze der Freundlichkeit, Barmherzigkeit und Liebe, wie sie von unserem Retter gelehrt und ausgelebt wurden, sind ein Abbild des Willens und Wesens Gottes. Jesus erklärte, dass er nichts gelehrt habe, was er nicht von seinem Vater empfangen hätte. Die Grundsätze der göttlichen Regierung stimmen absolut mit dem Gebot des Messias überein: „Liebt eure Feinde!" Gott lässt den Bösen zum Besten des Weltalls Gerechtigkeit widerfahren, ja selbst zum Besten derer, die von seinen Gerichten getroffen werden. Er würde sie gern glücklich machen, wenn er dies im Einklang mit den Gesetzen seiner Regierung und der Gerechtigkeit seines Wesens tun könnte. Er umgibt sie mit Zeichen seiner Liebe, er schenkt ihnen die Kenntnis seines Gesetzes und geht ihnen nach mit dem Angebot seiner Gnade. Aber sie verachten seine Liebe, übertreten sein Gesetz und lehnen seine Gnade ab. Während sie ständig seine Gaben erhalten, erkennen sie den Geber nicht an. Sie hassen Gott, weil sie wissen, dass er ihre Sünden verabscheut. Der Herr hat lange Geduld mit ihrer Verkehrtheit, aber die Stunde wird schließlich kommen, wo sich ihr Schicksal entscheidet. Wird er dann die Empörer an sich ketten? Wird er sie zwingen, seinen Willen zu tun?

Menschen, die Satan zu ihrem Führer erwählten und sich von seiner Macht beherrschen ließen, sind nicht darauf vorbereitet, in Gottes Gegenwart zu treten. Stolz, Trug, Ausschweifung, Grausamkeit haben in ihren Herzen Wurzeln geschlagen. Können sie in den Himmel eingehen, um ewig mit denen zusammenzuleben, die sie auf Erden verachteten und hassten? Die Wahrheit wird einem Lügner nie angenehm sein, Sanftmut kann Eigensinn und Stolz nicht befriedigen, Reinheit wird von dem Verderbten nicht angenommen, und selbstlose Liebe erscheint dem Selbstsüchtigen nicht anziehend. Welche Freuden könnte der Himmel denen bieten, die hier völlig in irdischen und selbstsüchtigen Interessen aufgehen?

Könnten die Menschen, die ihr Leben in Empörung gegen Gott zugebracht haben, plötzlich in den Himmel versetzt werden und den hohen und heiligen Zustand der Vollkommenheit ertragen, der dort herrscht, wo jedes Wesen mit Liebe erfüllt ist, jedes Angesicht vor Freude strahlt; wo hinreißende Musik mit schönen Melodien zur Ehre Gottes und des Lammes erklingt und sich eine endlose Lichtflut über die Erlösten ergießt vom Angesicht dessen, der auf dem Thron sitzt? Könnten Menschen, deren Herzen mit Hass gegen Gott, gegen Wahrheit und Heiligkeit erfüllt sind, sich unter die himmlische Schar mischen und in ihren Lobgesang einstimmen? Könnten sie die Herrlichkeit Gottes und des Lammes ertragen? Nein, eben nicht! Jahre der Probezeit waren ihnen gewährt, damit sie einen Charakter für den Himmel bildeten, aber sie haben sich nie darin geübt, das Reine zu lieben, haben niemals die Sprache des Himmels gelernt – nun ist es zu spät. Ein Leben der Empörung gegen Gott hat sie für den Himmel untauglich gemacht. Seine Reinheit, seine Heiligkeit und sein Friede wären für sie eine Qual, die Herrlichkeit Gottes ein verzehrendes Feuer. Sie würden sich danach sehnen, von jenem heiligen Ort zu entkommen. Sie würden die Vernichtung herbeisehnen, damit sie das Angesicht Jesu nicht sehen müssten, der starb, um sie zu erlösen. Das Schicksal der

Gottlosen wird durch ihre eigene Wahl besiegelt. Ihr Ausschluss aus dem Himmel geschieht aus eigenem freien Entschluss. Von Seiten Gottes ist er gerecht und barmherzig.

Wie die Wasser der Sintflut, so verkünden die Feuer des großen Tages das Urteil Gottes, dass den Gottlosen nicht mehr zu helfen ist. Sie haben kein Bedürfnis, sich von der göttlichen Autorität leiten zu lassen. Ihr Wille hat sich in Empörung geübt, und wenn das Leben zu Ende ist, wird es zu spät sein, ihre Gedanken in die entgegengesetzte Richtung zu lenken, zu spät, um sich von der Übertretung zum Gehorsam, vom Hass zur Liebe zu bekehren. Indem Gott den Mörder Kain am Leben erhielt, zeigte er der Welt, welche Folgen es hat, wenn ein Sünder am Leben bleibt und seinen Wandel in zügelloser Bosheit weiterführt. Durch den Einfluss von Kains Lehren und Beispiel wurden Tausende seiner Nachkommen zur Sünde verleitet, bis „der Menschen Bosheit groß war auf Erden und alles Dichten und Trachten ihres Herzens nur böse war immerdar … die Erde war verderbt vor Gott und voller Frevel“ (1. Mose 6,5.11).

Aus Barmherzigkeit mit der Welt vertilgte Gott ihre verderbten Bewohner zur Zeit Noahs. Aus Barmherzigkeit vernichtete er die gottlosen Einwohner Sodoms. Durch die trügerische Macht Satans erlangen die Übeltäter Mitgefühl und Bewunderung und verleiten dadurch ständig andere zur Empörung. So war es in Kains und Noahs Tagen, zur Zeit Abrahams und Lots – und so ist es auch heute noch. Aus Erbarmen mit dem Weltall wird Gott die Verwerfer seiner Gnade vernichten. „Der Tod ist der Sünde Sold; aber die Gabe Gottes ist das ewige Leben in Christus Jesus, unserm Herrn.“ (Römer 6,23). Während das Erbe der Gerechten Leben ist, wird der Tod das Teil der Gottlosen sein. Mose erklärte Israel: „Siehe, ich habe dir heute vorgelegt das Leben und das Gute, den Tod und das Böse.“ (5. Mose 30,15). Der in dieser Schriftstelle erwähnte Tod ist nicht der über Adam ausgesprochene Tod; denn alle Menschen trifft die Strafe der Übertretung, sondern es ist der „zweite Tod", der dem ewigen Leben gegenübergestellt wird.

Der Tod ist durch die Sünde Adams auf alle Menschen gekommen. Ohne Unterschied sinken sie alle ins Grab. Durch die Einsetzung des Erlösungsplans werden alle wieder aus ihren Gräbern hervorgehen. Es gibt eine zukünftige „Auferstehung der Toten, der Gerechten und Ungerechten" (Apostelgeschichte 24,15). „Denn gleichwie sie in Adam alle sterben, also werden sie in Christus alle lebendig gemacht werden." (1. Korinther 15,22). Dennoch wird ein Unterschied bestehen zwischen den beiden Gruppen, die aus den Gräbern hervorkommen werden. „Alle, die in den Gräbern sind, werden seine Stimme hören, und werden hervorgehen, die da Gutes getan haben, zur Auferstehung des Lebens, die aber Übles getan haben, zur Auferstehung des Gerichts." (Johannes 5,28.29). Die der Auferstehung des Lebens würdig befunden wurden, sind „selig … und heilig … Über solche hat der andere Tod keine Macht" (Offenbarung 20,6). Die Menschen dagegen, die nicht durch Buße und Glauben Vergebung erlangt haben, werden unweigerlich die Folgen ihrer Übertretung ernten: „der Sünde Sold". Sie leiden entsprechend ihren Werken unterschiedlich lang und stark. Doch ihr Leiden wird schließlich mit dem zweiten Tod enden. Da es Gott unmöglich ist, den Sünder in seinen Sünden zu erretten, wenn er seiner Gerechtigkeit und Barmherzigkeit treu bleiben möchte, entzieht er ihm die Existenz, die er durch seine Übertretungen verwirkt und derer er sich unwürdig erwiesen hat. Der Psalmist sagt: „Es ist noch um ein Kleines, so ist der Gottlose nimmer; und wenn du nach seiner Stätte sehen wirst, wird er weg sein." (Psalm 37,10). Ein anderer erleuchteter Schreiber erklärt: Sie „sollen sein, als wären sie nie gewesen" (Obadja 16). Mit Schande bedeckt, fallen sie hoffnungslosem, ewigem Vergessen anheim.

So wird der Sünde mit allem Weh und Verderben, das aus ihr hervorgegangen ist, ein Ende gemacht. Der Psalmist sagt: „Du … vernichtest die Frevler; ihren Namen vertilgst du auf immer und ewig … Der Feind ist vernichtet, zertrümmert für immer." (Psalm 9,6.7). In der Offenbarung hört Johannes, als er einen Blick in die Ewigkeit wirft, einen allgemeinen Lobgesang, der von keinem einzigen Missklang gestört wird. Alle Kreatur im Himmel und auf Erden gibt Gott die Ehre (Offenbarung 5,13). Es gibt keine verlorenen Wesen mehr, die Gott lästern, während sie sich unter Qualen krümmen. Keine elenden Geschöpfe der Hölle werden ihre Schmerzensschreie mit den Gesängen der Erlösten vermischen.

Auf dem Grundirrtum der natürlichen Unsterblichkeit beruht die Lehre von dem Bewusstsein im Tod. Diese Lehre widerspricht genauso der Heiligen Schrift, der Vernunft und unseren menschlichen Gefühlen wie die Lehre von der ewigen Qual. Nach allgemein verbreiteter Auffassung sind die Erlösten im Himmel mit allem vertraut, was auf Erden stattfindet, besonders mit dem Leben der Freunde, die sie zurückgelassen haben.

Wie könnte es aber für die Toten eine Quelle der Freude sein, die Probleme der Lebenden zu kennen, die von ihren Lieben begangenen Sünden mitzuerleben und zu sehen, wie sie Leiden, Enttäuschungen und Sorgen des Lebens erdulden? Wie viel würden jene, deren Gedanken bei ihren Freunden auf Erden verweilen, vom himmlischen Glück genießen? Und wie außerordentlich abstoßend ist zudem die Vorstellung, dass die Seele des Unbußfertigen den Flammen der Hölle übergeben wird, sobald der Atem den Leib verlässt! Welch tiefe Angst müssten die Menschen erleiden, die ihre Freunde unvorbereitet ins Grab sinken sehen, um eine Ewigkeit der Pein und Sünde anzutreten! Viele sind durch diesen qualvollen Gedanken in den Wahnsinn getrieben worden.

Was sagt die Heilige Schrift darüber? David erklärt, dass der Tote kein Bewusstsein besitzt: „Fährt sein Geist aus, wird er wieder zu Erde; an dem Tag ist's aus mit allen seinen Plänen." (Psalm 146,4). Salomo bezeugt das Gleiche: „Die Lebendigen wissen, dass sie sterben werden; die Toten aber wissen nichts, sie haben auch keinen Lohn mehr – denn ihr Gedächtnis ist vergessen, dass man sie nicht mehr liebt, noch hasst, noch beneidet – und haben kein Teil mehr auf der Welt an allem, was unter der Sonne geschieht ... Denn bei den Toten, dahin du fährst, ist weder Werk, Kunst, Vernunft noch Weisheit." (Prediger 9,5.6.10). Als Hiskias Leben als Gebetserhörung um 15 Jahre verlängert wurde, brachte der dankbare König Gott Lob und Preis für seine große Barmherzigkeit dar. In diesem Lobgesang nennt er den Grund seiner Freude: „Denn die Hölle lobt dich nicht; so rühmt dich der Tod nicht, und die in die Grube fahren, warten nicht auf deine Wahrheit; sondern allein, die da leben, loben dich so wie ich heute." (Jesaja 38,18.19). Die allgemeine Theologie sagt von den gerechten Toten, sie seien im Himmel, wo sie – in Wonne leben und Gott mit unsterblicher Zunge preisen. Doch Hiskia konnte keine solch rosigen Aussichten im Tod entdecken. Mit seinen Worten stimmt das Zeugnis des Psalmisten überein: „Im Tode gedenkt man dein nicht; wer will dir bei den Toten danken?" „Die Toten werden dich, Herr, nicht loben, noch die hinunterfahren in die Stille." (Psalm 6,6; 115,17).

Petrus sagte am Pfingsttag vom Erzvater David: „Er ist gestorben und begraben, und sein Grab ist bei uns bis auf diesen Tag ... Denn David ist nicht gen Himmel gefahren." (Apostelgeschichte 2,29.34). Dass David bis zur Auferstehung im Grab bleibt, beweist: Die Gerechten gehen beim Tod nicht in den Himmel ein. Nur durch die Auferstehung und Kraft der Tatsache, dass Jesus auferstanden ist, kann David schließlich zur Rechten Gottes sitzen.

Paulus erklärte: „Denn wenn die Toten nicht auferstehen, so ist Christus auch nicht auferstanden. Ist Christus aber nicht auferstanden, so ist euer Glaube nichtig, so seid ihr noch in euren Sünden; so sind auch die, die in Christus entschlafen sind, verloren." (1. Korinther 15,16-18). Wären 4000 Jahre lang die Gerechten bei ihrem Tod sofort in den Himmel aufgenommen worden, wie hätte Paulus dann sagen können, dass, wenn es keine Auferstehung gäbe, „auch die in Christus entschlafen sind, verloren" seien? Es wäre dann überhaupt keine Auferstehung nötig. Der Märtyrer Tyndale sagte über den Zustand der Toten: „Ich gestehe offen, ich bin nicht davon überzeugt, dass sie schon in der Herrlichkeit leben, wie Christus und die erwählten Engel Gottes. Auch ist diese Lehre kein Artikel meines Glaubensbekenntnisses; denn, wenn dem so wäre, sähe ich die Predigt von der Auferstehung des Leibes als ganz vergeblich an." (Tyndale, Preface to „New Testament", 1534).

Es ist eine unleugbare Tatsache, dass die Hoffnung, nach dem Tod sofort in unsterbliche Seligkeit versetzt zu werden, zu einer weit verbreiteten Vernachlässigung der biblischen Auferstehungslehre geführt hat. Dr. Adam Clarke stellte dies fest und sagte: „Die Auferstehungslehre scheint unter den ersten Christen von weit größerer Bedeutung gewesen zu sein, als es heute der Fall ist. Wie kommt das? Die Apostel betonten sie ständig und ermutigten durch sie die Gotteskinder zum Einsatz, zu freudiger Nachfolge. Ihre heutigen Erben erwähnen sie jedoch nur selten! So predigten die Apostel und so glaubten die ersten Christen; so predigen wir, und so glauben unsere Zuhörer. Es gibt keine Lehre im Evangelium, auf die mehr Nachdruck gelegt wird, und es findet sich keine Lehre in der gegenwärtigen theologischen Verkündigung, die mehr vernachlässigt wird." (Clarke, *Commentary on the New Testament*, Bd. II, über 1. Korinther 15).

Dies ging so weiter, bis die herrliche Wahrheit von der Auferstehung beinahe völlig im Dunkeln stand und von der christlichen Welt kaum noch gesehen wurde. Ein führender religiöser Schriftsteller sagt in seinen Anmerkungen zu den Worten des Apostels Paulus in 1. Thessalonicher 4,13-18: „In der seelsorgerlichen Praxis tritt die Lehre von der seligen Unsterblichkeit der Gerechten für uns an die Stelle irgendeiner zweifelhaften Lehre von Jesu Wiederkunft. Schon bei unserem Tod kommt der Herr für uns wieder. Darauf sollen wir warten, dafür wachen. Die Toten sind bereits in die Herrlichkeit eingegangen. Sie warten nicht auf die Posaune, um ihr Urteil und ihr Glück zu erlangen."

Aber als Jesus im Begriff stand, seine Jünger zu verlassen, sagte er ihnen nicht, dass sie bald zu ihm kommen würden. „Ich gehe hin", sprach er, „euch die Stätte zu bereiten. Und wenn ich hingehe, euch die Stätte zu bereiten, so will ich wiederkommen und euch zu mir nehmen." (Johannes 14,2.3). Und Paulus sagt uns weiter, dass „er selbst, der Herr, wird mit einem Feldgeschrei und der Stimme des Erzengels und mit der Posaune Gottes hernieder kommen vom Himmel, und die Toten in Christus werden auferstehen zuerst. Danach wir, die wir leben und übrig bleiben, werden zugleich mit ihnen hingerückt werden in den Wolken, dem Herrn entgegen in der Luft, und werden also bei dem Herrn sein allezeit." Außerdem fügt er hinzu: „So tröstet euch nun mit diesen Worten untereinander." (1. Thessalonicher 4,16-18). Wie groß ist doch der Unterschied zwischen diesen Worten des Trostes und jenen eben angeführten Bemerkungen des Vertreters der Allversöhnung! Dieser tröstete die trauernden Freunde mit der Versicherung, dass der Tote, wie sündig er auch gewesen sein mag, unter die Engel aufgenommen worden sei, sobald er sein Leben hier auf Erden ausgehaucht hatte. Paulus aber weist seine Brüder auf das zukünftige Kommen des Herrn hin, wenn die Fesseln des Grabes gebrochen und „die Toten in Christus" zu ewigem Leben auferweckt werden.

Bevor irgendjemand die Wohnungen der Glückseligen betreten kann, muss sein Fall untersucht werden, indem sein Charakter und seine Werke Gott präsentiert werden. Alle werden nach den in den Büchern aufgezeichneten Berichten beurteilt und nach ihren Werken belohnt. Dieses Gericht findet nicht beim Tod statt. Man beachte die Worte des Paulus: „Denn er hat einen Tag festgesetzt, an dem er den Erdkreis richten will mit Gerechtigkeit durch einen Mann, den er dazu bestimmt hat, und hat jedermann den Glauben angeboten, indem er ihn von den Toten auferweckt hat." (Apostelgeschichte 17,31). Hier erklärt der Apostel deutlich, dass für das Gericht eine bestimmte, damals noch zukünftige Zeit festgesetzt sei.

Judas verweist auf denselben Zeitpunkt: „Die Engel, die ihr Fürstentum nicht bewahrten, sondern verließen ihre Behausung, hat er behalten zum Gericht des großen Tages mit ewigen Banden in der Finsternis." Ferner führt er die Worte Henochs an: „Siehe, der Herr kommt mit vielen tausend Heiligen, Gericht zu halten über alle." (Judas 6.14.15). Johannes erklärt, dass er „sah die Toten, beide, groß und klein, stehen vor Gott … Und die Toten wurden gerichtet nach der Schrift in den Büchern, nach ihren Werken." (Offenbarung 20,12).

Wenn sich aber die Toten bereits der Wonne des Himmels erfreuen oder sich in den Flammen der Hölle winden, wozu dann noch ein künftiges Gericht? Die Lehren des Wortes Gottes über diese wichtigen Fragen sind weder dunkel noch widersprüchlich. Sie können von einfachen Leuten verstanden werden. Welches aufrichtige Gemüt kann aber in der gängigen Lehre Weisheit oder Gerechtigkeit erkennen? Sollen die Gerechten nach der Untersuchung ihrer Fälle im Gericht das Lob empfangen: „Recht so, du guter und treuer Knecht … geh hinein zu deines Herrn Freude!" (Matthäus 25,21), nachdem sie möglicherweise schon jahrhundertelang in seiner Gegenwart gelebt haben? Sollen die Gottlosen vom Ort der Qual weg gerufen werden, um vom

Richter der ganzen Erde das Urteil zu vernehmen: „Gehet hin von mir, ihr Verfluchten, in das ewige Feuer!“ (Matthäus 25,41)? Welch ein Spott! Welch schändliche Anklage gegen die Weisheit und Gerechtigkeit Gottes!

Die Theorie von der unsterblichen Seele war eine der falschen Lehren, die Rom vom Heidentum übernommen hatte und mit der christlichen Religion vermischte. Martin Luther zählte sie zu den „zahllosen Ausgeburten des römischen Misthaufens päpstlicher Entscheidungen“ (Petavel, *The Problem of Immortality*, S. 255). In seinen Anmerkungen zu den Worten Salomos im Prediger *„Die Toten wissen nichts“* sagt der Reformator: „Ein weiterer Beweis, dass die Toten bewusstlos sind. Salomo denkt deshalb, die Toten schliefen gänzlich und dächten an nichts. Sie liegen, ohne Tage oder Jahre zu rechnen; doch, wenn sie aufwachen, wird es ihnen vorkommen, als ob sie nur einen Augenblick geschlafen hätten.“ (*Luthers Werke*, St. L., Bd. V, S. 1535f.).

Nirgends in der Heiligen Schrift ist die Erklärung zu finden, dass die Gerechten ihren Lohn oder die Gottlosen ihre Strafe beim Tod erhalten. Weder die Erzväter noch die Propheten haben eine solche Zusicherung gemacht. Auch Jesus und seine Apostel haben nichts Derartiges angedeutet. Die Bibel lehrt deutlich, dass die Toten nicht direkt in den Himmel kommen, sondern bis zur Auferstehung schlafen. (1. Thessalonicher 4,14; Hiob 14,10-12).

An demselben Tag, an dem „der silberne Strick zerreißt und die goldene Schale zerbricht“ (Prediger 12,6), hören die Gedanken des Menschen auf. Die in das Grab hinunterfahren, verharren in Schweigen. Sie wissen nichts mehr von allem, was unter der Sonne geschieht (Hiob 14,21). Selige Ruhe für die müden Gerechten! Die Zeit, sei sie kurz oder lang, ist nur ein Augenblick für sie! Sie entschlafen und werden durch die

Posaune Gottes zu einer herrlichen Unsterblichkeit auferweckt. „Denn es wird die Posaune schallen, und die Toten werden auferstehen unverweslich … Denn dies Verwesliche muss anziehen die Unverweslichkeit, und dies Sterbliche muss anziehen die Unsterblichkeit. Wenn aber dies Verwesliche wird anziehen die Unverweslichkeit, und dies Sterbliche wird anziehen die Unsterblichkeit, dann wird erfüllt werden das Wort, das geschrieben steht: ‚Der Tod ist verschlungen in den Sieg.'" (1. Korinther 15,52-55). Wenn sie aus ihrem tiefen Schlummer herausgerufen werden, knüpfen ihre Gedanken dort an, wo sie seinerzeit aufhörten. Das letzte Gefühl war die Todesangst, der letzte Gedanke, dass sie der Macht des Grabes anheimfielen. Nun, da sie auferstanden sind, wird ihr erster froher Gedanke in den Jubelruf ausbrechen: „Tod, wo ist dein Stachel? Hölle, wo ist dein Sieg?" (1. Korinther 15,52-55).

Die Schlingen Satans

Der große Streit zwischen Jesus und Satan, der schon über 6000 Jahre dauert, wird bald zu Ende gehen. Der Böse verdoppelt seine Anstrengungen, um Jesu Dienst für die Menschen wirkungslos zu machen und sie mit seinen Schlingen zu fesseln. Er will die Menschen in Finsternis und Unbußfertigkeit halten, bis Jesu Mittleramt beendet ist und es für die Sünde kein Sühnopfer mehr gibt.

Wird nichts weiter unternommen, seiner Macht zu widerstehen, und herrscht in der Gemeinde und in der Welt Gleichgültigkeit, dann macht sich Satan keine Sorgen. Denn dann besteht für ihn keine Gefahr, die zu verlieren, die er nach Belieben herumkommandiert. Wird aber die Aufmerksamkeit auf ewige Dinge gelenkt und fragen Menschen: „Was muss ich tun, dass ich gerettet werde?" (Apostelgeschichte 16,30), so ist Satan zur Stelle und versucht, mit seiner Macht der Macht Jesu zu widerstehen und dem Einfluss des Heiligen Geistes zu wehren.

Die Heilige Schrift sagt, dass zu einem bestimmten Anlass, „die Söhne Gottes vor den Herrn traten … unter ihnen … auch der Satan" (Hiob 1,6) – nicht etwa, um den ewigen König anzubeten, sondern um seine böswilligen Pläne gegen die Gerechten voranzutreiben. Mit der gleichen Absicht ist er dort, wo Menschen sich zum Gottesdienst versammeln. Wenn auch unsichtbar, wirkt er doch intensiv daran, die Gedanken der Anbetenden zu kontrollieren. Wie ein geschickter Feldherr plant er im Voraus. Sieht er, dass Gottes Boten die Heilige Schrift studieren, so merkt er sich das Thema, das den Menschen vorgetragen werden soll. Dann wendet er all seine List und Verschlagenheit an, um die Umstände so zu lenken, dass die Botschaft jene nicht erreichen kann, die er gerade in diesem Punkt täuschen will. Wer die Warnung am meisten braucht, muss plötzlich dringende geschäftliche Termine wahrnehmen oder wird durch irgendetwas anderes vom Hören der biblischen Botschaft abgehalten, die sich für ihn als ein „Geruch, der vom Leben kommt und zum Leben führt,“ erweisen könnte (2. Korinther 2,16 Zürcher).

Satan sieht auch, wenn die Diener des Herrn wegen der geistlichen Finsternis, die das Volk umgibt, niedergeschlagen sind. Er hört, wie sie aufrichtig um göttliche Gnade und Kraft beten, damit der Bann der Gleichgültigkeit, Sorglosigkeit und Trägheit gebrochen werde. Dann übt er erneut sein Handwerk aus. Er verführt die Menschen durch Esslust oder andere Genusssüchte und betäubt so ihr Feingefühl, dass sie gerade die Themen nicht hören, die sie so nötig hätten.

Der böse Feind weiß schon, dass alle durch seine Angriffe überwunden werden, die er verleiten kann, das Gebet und das Forschen in der Heiligen Schrift zu vernachlässigen. Deshalb erfindet er alles Mögliche, um den Geist zu beschäftigen. Es gab schon immer eine Klasse angeblich frommer Menschen, die statt in der Erkenntnis der Wahrheit zu wachsen, es zu ihrer Religion machten, Charakterfehler und Glaubensirrtümer bei denen zu suchen, mit denen sie nicht übereinstimmen. Solche Menschen sind Satans beste Gehilfen. Es gibt viele Verkläger der Brüder. Sie sind stets dort aktiv, wo Gott wirkt und seine Diener ihm wahre Ehrerbietung erweisen. Sie werfen ein falsches Licht auf die Worte und Handlungen derer, die die Wahrheit lieben und sie ausleben, und stellen die ernsthaftesten, eifrigsten und selbstlosesten Diener Jesu als verführt oder als Verführer hin. Ihre Arbeit ist es, die Motive jeder wahren und edlen Tat falsch darzustellen, um Anspielungen zu verbreiten und Misstrauen in den Gemütern von Unerfahrenen zu wecken.

Auf jede erdenkliche Art werden sie danach trachten, das Reine und Rechtschaffene als verdorben und betrügerisch darzustellen. In diesem Werk haben die Mitarbeiter Satans ihren Meister und seine Engel als Helfer zur Seite.

Aber niemand braucht sich deshalb täuschen zu lassen. Es ist leicht ersichtlich, wessen Kinder sie sind, wessen Beispiel sie folgen und wessen Werke sie tun. „An ihren Früchten sollt ihr sie erkennen." (Matthäus 7,16). Ihr Verhalten gleicht dem Satans, des erbitterten Verleumders, des Verklägers unserer Brüder (Offenbarung 12,10).

Der große Betrüger hat viele Agenten, die bereitwillig jede erdenkliche Art des Irrtums erfinden, um Seelen zu fangen – Irrlehren für unterschiedliche Geschmäcker und Auffassungsgaben; denn er will jeden zerstören. Es ist sein Plan, unaufrichtige, uneinsichtige Elemente in die Gemeinde einzuschleusen, die Zweifel und Unglauben fördern und alle behindern, die Gottes Werk voranbringen wollen. Viele, die nicht wirklich an Gott oder an sein Wort glauben, stimmen gewissen Grundsätzen der Wahrheit zu und gelten deshalb als Christen. So dürfen sie ihre Irrtümer als biblische Lehren einführen.

Die Behauptung, es sei egal, was Menschen glauben, ist eine der erfolgreichsten Täuschungen Satans. Er weiß: Wer die Wahrheit liebt und annimmt, wird durch sie geheiligt. Deshalb sucht er ständig falsche Theorien, Fabeln, ja ein anderes Evangelium an die Stelle des wahren Evangeliums zu setzen. Schon immer hatten Gottes Diener mit falschen Lehrern zu kämpfen, nicht nur, weil diese unmoralische Menschen waren, sondern weil sie Irrtümer verbreiteten, die verheerend für den Menschen sind. Elia, Jeremia, Paulus traten furchtlos und entschieden denen entgegen, die die Menschen vom Wort Gottes abwenden wollten. Freiheit ohne korrekten religiösen Glauben war für diese gläubigen Verteidiger der Wahrheit tabu.

Die leeren und überzogenen Auslegungen der Heiligen Schrift und die vielen sich widersprechenden Ansichten über den religiösen Glauben unter Christen sind das Werk unseres großen Widersachers. Er will die Gemüter so verwirren, dass sie die Wahrheit nicht unterscheiden können. Die Uneinigkeit und Spaltung unter den christlichen Gemeinschaften ist vorwiegend dem Umstand zuzuschreiben, dass die Heilige Schrift verdreht wird, um irgendeine Lieblingsansicht zu stützen. Statt Gottes Wort sorgfältig mit demütigem Herzen zu studieren, um seinen Willen kennen zu lernen, suchen viele nur darin, um etwas „Neues" präsentieren zu können oder besondere Ideen bestätigt zu finden. Um Irrlehren oder unchristliche Bräuche zu unterstützen, reißen manche bestimmte Schriftstellen aus ihrem Zusammenhang und führen vielleicht die Hälfte eines einzelnen Verses zur Bestätigung ihrer Behauptung an, obwohl der übrige Teil den entgegengesetzten Sinn ergibt. Mit der List einer Schlange verschanzen sie sich hinter unzusammenhängenden Äußerungen, die sie so deuten, dass ihre Fleischeslust voll auf ihre Kosten kommt. So verdrehen viele absichtlich das Wort Gottes.

Andere, die eine lebendige Fantasie besitzen, nehmen die Bilder und Symbole der Heiligen Schrift auf und legen sie ihren Ideen entsprechend aus. Sie lassen die Heilige Schrift kaum sich selbst auslegen und tragen dann ihre Einfälle als biblische Lehren vor. Wird die Heilige Schrift nicht betend, demütig und lernwillig studiert, dann werden sowohl die einfachsten und deutlichsten Stellen als auch die schwierigeren in ihrer wahren Bedeutung verdreht. Die päpstlichen Würdenträger wählen solche Teile der Heiligen Schrift, die ihrer Absicht am besten dienen, legen sie aus, wie es ihnen passt, und tragen sie dann dem Volk vor, während sie ihm die Freiheit absprechen, die Bibel selbst zu studieren und deren heilige Wahrheiten zu verstehen. Die ganze Bibel in ihrem vollständigen Wortlaut sollte den Menschen zugänglich sein. Es wäre besser, ihnen überhaupt keinen Bibelunterricht zu erteilen, als die Lehren der Heiligen Schrift so drastisch zu verfälschen.

Die Bibel ist als Ratgeber für alle gedacht, die mit dem Willen ihres Schöpfers vertraut werden wollen. Gott gab dem Menschen das feste prophetische Wort. Engel kamen und sogar Jesus selbst, um Daniel und Johannes mitzuteilen, was in Kürze geschehen würde. Jene wichtigen Angelegenheiten, die unser Heil betreffen, blieben keineswegs ein Geheimnis. Sie wurden auch nicht so offenbart, dass sie den verwirren oder irreleiten, der aufrichtig nach Wahrheit sucht. Der Herr sagte durch den Propheten Habakuk: „Schreib das Gesicht und male es auf eine Tafel, dass es lesen könne, wer vorüberläuft." (Habakuk 2,2). Das Wort Gottes können alle verstehen, die darin mit betendem Herzen forschen. Jeder wirklich aufrichtige Mensch wird zum Licht der Wahrheit gelangen. „Dem Gerechten muss das Licht immer wieder aufgehen." (Psalm 97,11). Keine Gemeinde kann in der Heiligung wachsen, wenn ihre Gläubigen nicht nach der Wahrheit suchen wie nach einem verborgenen Schatz.

Durch den Ruf *„Nur nicht engstirnig sein!"* werden die Menschen blind für die Pläne ihres Widersachers, während er beharrlich auf seine Ziele hinarbeitet. Gelingt es ihm, die Bibel durch menschliche Ansichten zu verdrängen, dann wird das Gesetz Gottes beiseitegesetzt, und die Kirchen stehen unter der Knechtschaft der Sünde, während sie behaupten, frei davon zu sein.

Vielen ist die wissenschaftliche Forschung zum Fluch geworden. Ihr begrenzter Verstand ist so schwach, dass sie ihre Ausgewogenheit verlieren. Sie können ihre wissenschaftlichen Ansichten nicht mit den Aussagen der Heiligen Schrift übereinbringen, und meinen, die Bibel müsse an ihrem „fälschlich so genannten" wissenschaftlichen Standard gemessen werden. Gott hat die Welt in eine Flut von Licht getaucht durch die Entdeckungen in Wissenschaft und Kunst, aber selbst die fähigsten

Köpfe werden, wenn Gottes Geist sie nicht leitet, verunsichert, sobald sie versuchen, die Zusammenhänge zwischen Wissenschaft und Offenbarung zu ergründen.

Die menschliche Erkenntnis ist, sowohl materiell als auch geistlich Stückwerk und unvollkommen; deshalb sind viele nicht in der Lage, ihre wissenschaftlichen Ansichten mit den Aussagen der Schrift in Einklang zu bringen. Manche halten Theorien und Vermutungen für wissenschaftliche Tatsachen und meinen, Gottes Wort müsse an „der fälschlich so genannten Erkenntnis" geprüft werden (1. Timotheus 6,20). Der Schöpfer und seine Werke übersteigen ihr Begriffsvermögen. Sie betrachten die biblische Geschichte als unzuverlässig, weil sie sie nicht durch natürliche Gesetze erklären können. Und wenn sie die Berichte des Alten und Neuen Testaments anzweifeln, gehen sie nur allzu oft noch einen Schritt weiter, stellen die Existenz Gottes insgesamt in Frage und schreiben der Natur unendliche Macht zu. Haben sie ihren Anker losgelassen, werden sie gegen die Klippen des Unglaubens geschleudert.

So verlieren viele den Glauben und werden vom Teufel verführt. Die Menschen wollen weiser sein als ihr Schöpfer. Menschliche Weisheit versucht, Geheimnisse zu ergründen und zu erklären, die bis in alle in Ewigkeit nicht enthüllt werden. Wenn die Menschen untersuchen und verstehen würden, was Gott über sich selbst und seine Absichten mitgeteilt hat, wären sie so beeindruckt von seiner Schönheit, Majestät und Macht, dass sie zufrieden wären mit dem, was ihnen und ihren Kindern offenbart ist, und dass sie ihre eigene Geringfügigkeit einsähen.

Es ist ein Meisterstück satanischer Täuschung, den Geist der Menschen über das Nachforschungen und Vermutungen anstellen zu lassen, was Gott nicht offenbart hat und auch gar nicht erklären will. Auf diese Weise verlor Luzifer seinen Platz im Himmel. Er wurde unzufrieden, weil Gott ihm nicht alle Geheimnisse seiner Absichten anvertraute, und missachtete völlig das, was dieser ihm über die hohe Aufgabe offenbarte, die ihm anvertraut worden war. Indem er die gleiche Unzufriedenheit in die Herzen der Engel säte, die ihm unterstanden, verursachte er ihren Fall. Jetzt versucht er, die Menschen mit der gleichen Gesinnung anzustecken, und sie zu verleiten, ebenfalls die klaren Gebote Gottes zu missachten.

Die nicht bereit sind, die klaren, tiefgreifenden Wahrheiten der Bibel anzunehmen, sind ständig auf der Suche nach ansprechenden Märchen, die das Gewissen beruhigen. Je weniger geistlich, selbstverleugnend und demütigend die vorgetragenen Lehren sind, desto willkommener sind sie. Solche Menschen missbrauchen ihre Verstandeskräfte für ihre fleischlichen Gelüste. Sie überschätzen sich selbst und halten sich für zu weise, als dass sie in der Heiligen Schrift studieren müssten. Sie sind nicht bereit, sich zu hinterfragen und umzukehren und unter ernstem Gebet nach göttlicher Leitung zu suchen. So sind sie gegen Verblendung nicht gefeit. Satan wartet nur darauf, das Verlangen des Herzens zu stillen, und ersetzt die Wahrheit durch seine Täuschungen. Auf diese Weise hat das Papsttum die Gemüter der Menschen in seinen Bann gezogen. Weil die Protestanten die Wahrheit verwerfen – denn sie beinhaltet ein Kreuz – gehen sie den gleichen Weg. Alle, die das Wort Gottes hintanstellen und nach Bequemlichkeit streben und eine Methode suchen, mit der sie sich nicht von der Welt unterscheiden, werden schreckliche Irrlehren für religiöse Wahrheit halten. Jede erdenkliche Form des Irrtums wird von denen angenommen werden, die die Wahrheit bewusst verschmähen. Sie lehnen vielleicht entsetzt die eine Täuschung ab, aber eine andere nehmen sie dann gerne an. Der Apostel Paulus spricht von Menschen, welche „die Liebe zur Wahrheit nicht angenommen haben, durch die sie hätten gerettet werden können“, und sagt von ihnen: „Darum wird Gott ihnen eine wirksame Kraft der Verführung senden, sodass sie der Lüge glauben, damit alle gerichtet werden, die der Wahrheit nicht geglaubt haben, sondern Wohlgefallen hatten an der Ungerechtigkeit." (2. Thessalonicher 2,10-12). Mit einer solchen Warnung vor Augen tun wir gut daran, auf der Hut zu sein, welche Lehren wir annehmen.

Zu den erfolgreichsten Werkzeugen des großen Betrügers gehören die trügerischen Lehren und lügenhaften Wunder des Spiritismus. Satan verkleidet sich als Engel des Lichts und wirft seine Netze dort aus, wo man es am wenigsten vermutet. Würden die Menschen doch das Wort Gottes unter ernstem Gebet studieren, um seine Lehren zu verstehen, so blieben sie nicht in der Finsternis und nähmen keine falschen Lehren an. Weil sie aber die Wahrheit verwerfen, fallen sie auch auf die Täuschungen herein.

Ein anderer gefährlicher Irrtum ist die Lehre, die Jesu Göttlichkeit leugnet und behauptet, er habe vor seinem Kommen in diese Welt gar nicht existiert. Diese Ansicht wird von vielen, die angeblich an die Bibel glauben, gerne angenommen; dennoch widerspricht sie den eindeutigen Erklärungen unseres Retters über seine Beziehung zum Vater, seinen göttlichen Charakter und seine Präexistenz. Man kann diese Ansicht nicht aufrechterhalten, ohne die Heilige Schrift in unverantwortlichster Weise zu verdrehen. Sie reduziert nicht nur unsere menschliche Vorstellung vom Erlösungswerk, sondern untergräbt auch den Glauben an die Bibel als Gottesoffenbarung. Dadurch wird diese Ansicht nicht nur gefährlicher, sondern es wird auch schwieriger, ihr entgegenzutreten. Lehnen die Menschen die Aussagen der von Gott inspirierten Heiligen Schrift über Jesu Göttlichkeit ab, so bringt es nichts, mit ihnen über diesen Punkt zu diskutieren, denn kein noch so zwingender Beweis wird sie überzeugen können. „Der natürliche Mensch aber vernimmt nichts vom Geist Gottes; es ist ihm eine Torheit, und er kann es nicht erkennen; denn es muss geistlich beurteilt werden." (1. Korinther 2,14).

Keiner, der an diesen Irrtum glaubt, kann Jesu Wesen oder Auftrag oder Gottes großen Plan zur Erlösung der Menschen richtig verstehen.

Noch ein anderer raffinierter und folgenschwerer Irrtum ist die sich schnell verbreitende Auffassung, Satan sei kein persönliches Wesen und dieser Name in der Bibel stehe nur für die bösen Gedanken und Begierden der Menschen.

Die allgemein von der Kanzel verbreitete Lehre, Jesu Wiederkunft bestehe darin, dass er zu jedem Einzelnen bei dessen Tod komme, ist ebenfalls eine Erfindung, die die Gedanken der Menschen von Jesu persönlichem Erscheinen in den Wolken des Himmels ablenken soll. Jahrelang hat Satan auf diese Weise gesagt: „Siehe, er ist in der Kammer" (Matthäus 24,23-36), und viele sind verloren gegangen, weil sie diese Täuschung angenommen haben.

Auch lehrt weltliche Weisheit, Gebet sei nicht wesentlich. Wissenschaftler behaupten, Gebetserhörung könne es nicht wirklich geben. Sie widerspräche den Naturgesetzen, sei also ein Wunder, und Wunder gäbe es nicht. Das Weltall, sagen sie, wird von feststehenden Gesetzen regiert, und Gott selbst tut nichts, was diesen Gesetzen entgegensteht. Sie stellen Gott also dar, als sei er an seine eigenen Gesetze gebunden; als würden seine Gesetze seine Freiheit einschränken. Eine solche Lehre widerspricht den Aussagen der Heiligen Schrift. Wurden nicht durch Jesus und seine Apostel Wunder gewirkt? Derselbe barmherzige Retter lebt heute noch und ist jetzt ebenso bereit, auf die Gebete des Glaubens zu hören wie damals, als er sichtbar unter den Menschen lebte. Das Natürliche wirkt zusammen mit dem Übernatürlichen. Es ist Teil von Gottes Plan, unser vertrauensvolles Gebet zu erhören und uns das zu schenken, was er uns nicht geben würde, wenn wir nicht in dieser Weise zu ihm beteten. Unzählbar sind die falschen Lehren und überspannten

Vorstellungen in den christlichen Kirchen. Es ist unmöglich, die üblen Folgen abzuschätzen, die entstehen, wenn auch nur eine der durch Gottes Wort gezogenen Grenzen verrückt wird. Nur bei wenigen von denen, die dies zu tun wagen, bleibt es bei der Ablehnung einer Wahrheit. Die meisten verwerfen eine Wahrheit nach der anderen, bis sie tatsächlich den Glauben ganz aufgegeben haben.

Die Irrtümer der allgemein verbreiteten theologischen Auffassungen haben manche Menschen in die Arme des zwanghaften Zweifelns getrieben, die sonst hätten bibelgläubig werden können. Es ist ihnen unmöglich, Lehren anzunehmen, die ihren Auffassungen von Gerechtigkeit, Gnade und Güte widersprechen. Wenn solche Auffassungen als Lehren der Bibel hingestellt werden, weigern sie sich, diese als Gottes Wort anzuerkennen.

Das ist es, was Satan zu erreichen versucht. Nichts will er mehr, als das Vertrauen auf Gott und sein Wort zu zerstören. Satan steht an der Spitze der großen Zweifelsarmee und bringt größten Einsatz, um Menschen in seine Reihen zu ziehen. Zweifeln wird immer moderner. Eine große Schar von Menschen steht Gottes Wort aus demselben Grund mit Misstrauen gegenüber wie die Person, die das Misstrauen erfunden hat; denn Gottes Wort straft und verurteilt die Sünde. Die nicht bereit sind, seine Aufforderungen zu befolgen, versuchen seine Autorität zu untergraben. Sie lesen die Bibel oder hören ihre Lehren, wenn sie von der Kanzel verkündet werden, nur um an der Heiligen Schrift oder an der Predigt etwas zu kritisieren. Nicht wenige werden ungläubig, um sich für ihre Pflichtvernachlässigung zu rechtfertigen oder zu entschuldigen. Andere nehmen fragwürdige Grundsätze aus Stolz und Trägheit an. Bequemlichkeit ist ihnen wichtiger, als dass sie etwas vollbringen würden, was ehrenhaft wäre oder Einsatz und Selbstverleugnung kostete. Stattdessen wollen sie für höhere Weisheit bekannt werden, indem sie die Bibel kritisieren. In ihr steht nämlich vieles, was der von göttlicher Weisheit nicht erleuchtete Verstand einfach nicht verstehen kann; so finden sie allerlei Grund zur Kritik. Viele meinen wohl, es sei eine Tugend, auf der Seite des Unglaubens und des Zweifels zu stehen. Aber man wird feststellen, dass sich bei solchen Menschen hinter dem Schein von Aufrichtigkeit doch nur Selbstvertrauen und Stolz verbirgt. Viele machen sich einen großen Spaß daraus, etwas in der Heiligen Schrift zu finden, was andere in Verlegenheit bringt. Etliche kritisieren und diskutieren nur aus Liebe zum Wortstreit. Es wird ihnen nicht bewusst, dass sie sich auf diese Weise selbst in den Schlingen des Vogelfängers verstricken. Da sie aber öffentlich ihren Unglauben zum Ausdruck gebracht haben, glauben sie, ihre Position verteidigen zu müssen. Dadurch verbinden sie sich mit den Gottlosen und verbauen sich den Weg ins Paradies.

Gott hat in seinem Wort genügend Hinweise für dessen göttlichen Ursprung gegeben. Die großen Wahrheiten, die sich auf unsere Erlösung beziehen, sind deutlich erklärt. Mithilfe des Heiligen Geistes, der allen verheißen ist, die aufrichtig darum bitten, kann jeder diese Wahrheiten verstehen. Gott hat den Menschen einen festen Grund gegeben, auf den sie ihren Glauben stützen können. Doch der begrenzte Verstand der Menschen reicht nicht, um die Pläne und Ratschlüsse des ewigen Gottes völlig zu erfassen. Wir werden Gott nie durch Forschen ergründen können. Wir dürfen es nicht wagen, mit vermessener Hand den Vorhang zu lüften, mit dem er seine Majestät verhüllt. Der Apostel ruft aus: „Wie gar unbegreiflich sind seine Gerichte und unerforschlich seine Wege!“ (Römer 11,33). Wir können seine Handlungsweise mit uns und die ihn leitenden Beweggründe so weit begreifen, dass wir unbegrenzte Liebe und Barmherzigkeit erkennen können, verbunden mit unendlicher Macht. Unser himmlischer Vater ordnet alles in Weisheit und Gerechtigkeit, und wir brauchen nicht unzufrieden oder misstrauisch zu sein, sondern dürfen uns in ehrfürchtiger

Hingabe beugen. Er wird uns so viel von seinen Absichten enthüllen, wie es zu unserem Besten dient.

Darüber hinaus können wir dem vertrauen, der allmächtig und dessen Herz voller Liebe ist. Während Gott uns genügend Grund zum Glauben gibt, wird er niemals alles aus dem Weg räumen, was den Unglauben entschuldigen könnte. Wer nach einem Grund zum Zweifeln sucht, wird ihn auch finden. Wer sich weigert, Gottes Wort anzunehmen und zu befolgen, bis jeder Einwand beseitigt ist und kein Grund zum Zweifeln mehr besteht, wird nie zum Licht kommen. Misstrauen gegen Gott ist eine natürliche Folge des nicht erneuerten Herzens, das Gott gegenüber feindlich eingestellt ist. Doch Vertrauen wird vom Heiligen Geist eingeflößt und wächst, wenn es genährt wird. Niemand kann ohne entschlossenes Bemühen im Glauben wachsen. Der Unglaube wird stärker, wenn er genährt wird. Und wenn Menschen zweifeln und kritisch eingestellt sind, statt sich mit den Hinweisen zu beschäftigen, die Gott ihnen gegeben hat, um ihr Vertrauen zu stärken, werden sie ihre Zweifel immer mehr bestätigt finden. Die an Gottes Verheißungen zweifeln und den Zusicherungen seiner Gnade misstrauen, bringen ihn in Verruf. Ihr Einfluss treibt andere von Jesus weg, statt sie zu ihm zu ziehen. Sie sind unfruchtbare Bäume, die ihre dürren Zweige weit ausbreiten und dadurch anderen Pflanzen das Sonnenlicht rauben, sodass diese im kalten Schatten verwelken und absterben. Ihr Lebenswerk wird ausnahmslos gegen sie zeugen. Sie säen den Samen des Zweifels und Skeptizismus, und die Ernte bleibt natürlich nicht aus.

Wer wirklich vom Zweifel frei werden möchte, für den gibt es nur einen Weg: Statt das anzuzweifeln und zu kritisieren, was er nicht versteht, sich auf die Erkenntnis zu konzentrieren, die er bereits hat; dann wird er mehr Licht erhalten. Erfüllt er jede Aufgabe, die er klar erkannt hat, wird er fähig, auch jene Aufgaben zu verstehen und auszuführen, die ihm jetzt noch unklar sind. Satan ist in der Lage, Fälschungen zu produzieren, die der Wahrheit so unglaublich gleichen. Menschen, die den Opfern und Selbstverleugnungen aus dem Weg gehen, die die Wahrheit erfordert, werden sich bereitwillig täuschen lassen. Es ist ihm jedoch unmöglich, einen Menschen unter seiner Macht zu halten, der aufrichtig die Wahrheit erkennen will – koste es, was es wolle. Jesus ist die Wahrheit und „das wahrhaftige Licht, welches alle Menschen erleuchtet, die in diese Welt kommen“ (Johannes 1,9). Der Geist der Wahrheit ist gesandt worden, um die Menschen in alle Wahrheit zu leiten. Und mit Vollmacht des Sohnes Gottes wurde erklärt: „Sucht, so werdet ihr finden.“ „Wenn jemand dessen [des Vaters] Willen tun will, wird er innewerden, ob diese Lehre von Gott ist.“ (Matthäus 7,7; Johannes 7,17).

Jesu Nachfolger ahnen wenig von den Anschlägen, die Satan und seine Scharen gegen sie schmieden. Aber der im Himmel thront, wird alle diese Kriegslisten doch zur Erfüllung seiner unerforschlichen Pläne gereichen lassen. Der Herr lässt es zu, dass seine Kinder in die Feuerprobe der Versuchung geraten, nicht weil er an ihren Leiden und ihrer Trübsal Freude hätte, sondern weil dieser Prozess für ihren endgültigen Sieg entscheidend ist. Er kann sie nicht vor der Versuchung schützen und gleichzeitig seinem herrlichen Charakter treu bleiben. Denn es ist ja gerade der Zweck der Prüfung, sie dafür auszubilden, selbst allen bösen Verlockungen zu widerstehen.

Weder gottlose Menschen noch Teufel können Gottes Werk hindern oder seinem Volk seine Gegenwart entziehen, wenn es gebeugten, reuigen Herzens seine Sünde bekennt und sie aufgibt und im Glauben seine Verheißungen beansprucht. Jede Versuchung, jeden Widerstand, ob offen oder geheim, kann man erfolgreich überwinden, „nicht durch Heer oder Kraft, sondern durch meinen Geist … spricht der Herr Zebaoth“ (Sacharja 4,6).

„Die Augen des Herrn merken auf die Gerechten und seine Ohren auf ihr Gebet … Und wer ist, der euch schaden könnte, wenn ihr dem Guten nacheifert?“ (1. Petrus 3,12.13). Als Bileam, gelockt durch das Versprechen einer großen Belohnung, Zaubersprüche gegen Israel aussprach und durch Opfer für den Herrn einen Fluch über Gottes Volk zu bringen suchte, wandte Gottes Geist das Übel ab, das ausgesprochen werden sollte, und Bileam war gezwungen auszurufen: „Wie sollte ich den verfluchen, den Gott nicht verflucht? Wie sollte ich den verwünschen, den der Herr nicht verwünscht? … Meine Seele sterbe den Tod der Gerechten, und mein Ende soll dem ihren gleichen!“ Als abermals geopfert worden war, erklärte der gottlose Prophet: „Siehe, zu segnen habe ich empfangen; er hat gesegnet, und ich kann es nicht abwenden! Er schaut kein Unrecht in Jakob, und er sieht kein Unheil in Israel. Der Herr, sein Gott, ist mit ihm, und man jubelt dem König zu in seiner Mitte … So hilft denn keine Zauberei gegen Jakob und keine Wahrsagerei wider Israel. Zu seiner Zeit wird man von Jakob sagen und von Israel: Was hat Gott Großes getan!“ Dennoch wurden zum dritten Mal Altäre errichtet, und wiederum versuchte Bileam einen Fluch auszusprechen. Durch die unwilligen Lippen des Propheten erklärte der Geist Gottes jedoch das Gedeihen seiner Auserwählten und tadelte die Torheit und Bosheit ihrer Feinde: „Gesegnet sei, wer dich segnet, und verflucht, wer dich verflucht!“ (4. Mose 23,8.10.20.21.23; 24,9)

Zu dieser Zeit waren die Israeliten Gott treu, und solange sie sein Gesetz befolgten, konnte keine Macht der Erde oder der Hölle sie überwältigen. Aber schließlich gelang es Bileam doch, den Fluch, den er nicht über Gottes Volk aussprechen durfte, über dieses Volk zu bringen, indem er es zur Sünde verführte. Als das Volk Gottes Gebote übertrat, trennte es sich von ihm und bekam die Macht des Verderbers zu spüren. Satan ist sich bewusst, dass der schwächste Mensch, der in Jesus bleibt, den Scharen der Finsternis überlegen ist, und dass man ihm begegnen und widerstehen wird, wenn er sich offen zeigt. Deshalb versucht er die Streiter des Kreuzes aus ihrer sicheren Stellung herauszulocken, während er mit seinen Streitkräften im Hinterhalt liegt, bereit, alle zu verderben, die sich auf sein Gebiet wagen sollten. Nur in demütigem Vertrauen auf Gott und im Befolgen aller seiner Gebote können wir sicher sein.

Niemand ist ohne Gebet auch nur einen Tag oder eine Stunde lang sicher. Wir sollten den Herrn besonders um Weisheit bitten, sein Wort zu verstehen. Hier werden die Pläne des Versuchers aufgezeigt sowie die Mittel, durch die er zurückgeschlagen werden kann. Satan ist sehr sachkundig, wenn es gilt, Bibelstellen anzuführen, denen er seine eigene Auslegung beifügt, um uns zu Fall zu bringen.

Studieren wir die Bibel mit demütigem Herzen und verlieren nie unsere Abhängigkeit von Gott aus den Augen! Seien wir vor den Anschlägen Satans ständig auf der Hut und beten wir ohne Unterlass im Glauben: „Führe uns nicht in Versuchung.“ (Matthäus 6,13).

Der kommende Kampf

Seit dem Beginn der großen Kontroverse im Himmel ist es Satans Plan, Gottes Rechtsordnung umzustoßen. Um dieses Ziel zu erreichen, hat er sich gegen den Schöpfer empört, und obwohl er deshalb aus dem Himmel ausgeschlossen wurde, hat er denselben Kampf auf Erden fortgesetzt. Die Menschen zu täuschen und sie zur Übertretung von Gottes Gesetz zu veranlassen, ist das Ziel, das er beharrlich verfolgt. Ob dies nun erreicht wird, indem man das ganze Gesetz für nichtig erklärt oder nur eines seiner Gebote verwirft – die Folgen werden letztlich dieselben sein. Wer da „sündigt an einem", verachtet dadurch das ganze Gesetz. Sein Einfluss sowie sein Beispiel stehen auf der Seite der Übertretung; er wird somit „ganz schuldig" (Jakobus 2,10).

Um die göttlichen Gebote verächtlich zu machen, hat Satan die Lehren der Bibel verfälscht und dadurch Irrtümer in den Glauben tausender Menschen integriert, die sich zur Heiligen Schrift bekennen. Der letzte große Konflikt zwischen Wahrheit und Irrtum ist das entscheidende Ringen in der lange währenden Kontroverse über Gottes Gesetz. Wir sind jetzt dabei, diesen Kampf aufzunehmen – einen Kampf zwischen den Gesetzen der Menschen und den Geboten des Herrn, zwischen der Religion der Heiligen Schrift und der Religion der Fabeln und Überlieferungen.

Die Kräfte, die sich in diesem Streit gegen Wahrheit und Gerechtigkeit vereinen, sind nun an der Arbeit. Gottes heiliges Wort, das uns unter so viel Leiden und Blutvergießen überliefert wurde, wird nur wenig geschätzt. Die Bibel können sich alle besorgen, aber nur wenige nehmen sie wirklich als Handbuch fürs Leben. Der Unglaube nimmt in erschreckendem Maße überhand, nicht nur in der Welt, sondern auch in der Kirche.

Viele lehnen Lehren ab, die die eigentlichen Grundpfeiler des christlichen Glaubens sind. Die großartigen Fakten der Schöpfung, präsentiert von geistgeleiteten Schreibern, der Sündenfall des Menschen, die Versöhnung und Gottes ewig gültiges Recht werden tatsächlich von einem Großteil erklärter Christen entweder ganz oder teilweise geleugnet. Tausende, die sich mit ihrer Weisheit und Unabhängigkeit brüsten, betrachten es als ein Zeichen von Schwäche, der Heiligen Schrift bedingungslos zu vertrauen. Sie halten es für einen Beweis der Überlegenheit und Gelehrsamkeit, die Heilige Schrift zu kritisieren und ihre wichtigsten Wahrheiten zu vergeistigen und zu entkräften. Viele Prediger erklären ihren Gemeinden und viele Professoren und Lehrer ihren Schülern, dass Gottes Gesetz verändert oder aufgehoben worden sei und dass alle sich lächerlich machen, die glauben, seine Bestimmungen seien noch immer gültig und müssten wortwörtlich eingehalten werden.

Wenn Menschen die Wahrheit ablehnen, verwerfen sie auch ihren Urheber. Wenn sie Gottes Gesetz mit Füßen treten, halten sie den Gesetzgeber auch nicht für zuständig. Ein Götze aus falschen Lehren und Theorien ist ebenso schnell errichtet wie ein Götzenbild aus Holz oder Stein. Weil Satan Gottes Eigenschaften falsch darstellt, machen sich die Menschen einen falschen Begriff vom Wesen ihres Schöpfers. Viele haben einen philosophischen Götzen an Stelle des allerhöchsten Gottes auf den Thron erhoben, und der lebendige Gott, wie er in seinem Wort, in Jesus und in seinen Schöpfungswerken offenbart ist, wird nur von wenigen Menschen verehrt. Tausende vergöttern die Natur, während sie den Gott der Natur leugnen. Obwohl sich die Form gewandelt hat, so besteht doch der Götzendienst in der heutigen christlichen Welt ebenso wirklich, wie er im alten Israel in den Tagen Elias ausgeübt wurde. Der Gott vieler angeblich weiser Männer, Philosophen, Dichter, Staatsmänner, Journalisten, der Gott vornehmer Kreise, vieler Hochschulen und Universitäten, ja sogar einiger theologischer Institutionen ist nicht viel besser als Baal, der Sonnengott der Phönizier.

Kein von der christlichen Welt angenommener Irrtum stellt die Zuständigkeit des Himmels heftiger in Frage, keiner geht so direkt gegen die Logik oder ist folgenschwerer als die so rasch um sich greifende moderne Lehre, Gottes Gesetz sei für die Menschen nicht mehr maßgeblich. Jedes Land hat seine Gesetze, die respektiert und befolgt werden müssen, und keine Regierung könnte ohne sie bestehen. Wie soll man sich vorstellen, dass der Schöpfer des Himmels und der Erde seine Geschöpfe ohne Gesetz regiert? Wie lange würden noch so brillante Geistliche auf der Kanzel geduldet werden, wenn sie lehrten, dass die Gesetze zum Schutz des Landes und der Rechte seiner Bürger nicht verbindlich seien, dass sie die Freiheit des Volkes einschränkten und deshalb nicht befolgt werden sollten? Ist es etwa ein schwereres Vergehen, die Gesetze von Staaten und Ländern zu missachten, als jene göttlichen Prinzipien mit Füßen zu treten, die die Grundlage jeder Regierung sind?

Es wäre eher verständlich, dass Staaten ihre Gesetze außer Kraft setzten und den Menschen gestatteten zu handeln, wie es ihnen gefällt, als das Gesetz zu annullieren, das der Lenker des Universums eingesetzt hat; denn damit hat er der Welt einen Maßstab gegeben, der den Gesetzesbrecher verurteilt und den Gesetzestreuen rechtfertigt. Kennen wir die Folgen der Aufhebung des Gesetzes Gottes? Der Versuch ist gemacht worden. Schrecklich waren die Szenen, die sich in Frankreich abspielten, als der Atheismus an die Macht kam. Damals wurde der Welt gezeigt, was es heißt, die Beschränkungen abzuschütteln, die Gott auferlegt hat: Es heißt nämlich, sich dem grausamsten Tyrannen zu unterwerfen. Wenn die Richtschnur der Gerechtigkeit beiseite gelegt wird, ist dem Fürsten der Finsternis der Weg zur Herrschaft auf Erden gebahnt.

Wo die göttlichen Vorschriften verworfen werden, hört die Sünde auf sündhaft oder die Gerechtigkeit wünschenswert zu erscheinen. Die sich Gottes Regierung nicht unterstellen wollen, verlieren völlig die Fähigkeit, sich selbst zu regieren. Durch ihre zerstörerischen Lehren pflanzen sie den Geist der Aufsässigkeit in die Herzen der Kinder und der Jugend ein, die von Natur aus für Einschränkungen wenig übrighaben. Kriminalität und Genusssucht sind die Folge. Während viele sich über die Leichtgläubigkeit jener lustig machen, die Gottes Wünschen entsprechen, geben sie sich Satans Täuschungen hin. Sie lassen der Lust freien Lauf und begehen Sünden, die einst Strafgerichte über die Heiden gebracht haben.

Wer den Menschen sagt, man könne Gottes Gebote ruhig geringschätzen, sät Gesetzlosigkeit und wird Gesetzlosigkeit ernten. Beseitigte man die durch das göttliche Gesetz auferlegten Beschränkungen ganz und gar, so würden bald alle menschlichen Gesetze missachtet werden. Weil Gott unehrliche Praktiken, Begierde, Lüge und Betrug verbietet, betrachten die Menschen seine Gesetze als Hindernis für ihr weltliches Wohlergehen und sind bereit, sie mit Füßen zu treten. Doch die Folgen einer kompletten Abschaffung dieser Vorschriften können sie sich gar nicht vorstellen. Wäre das Gesetz nicht bindend, warum sollte sich irgendjemand fürchten, es zu übertreten? Eigentum wäre nicht mehr sicher. Die Menschen würden sich den Besitz ihres Nächsten gewaltsam aneignen, und die Stärksten würden die Reichsten werden. Selbst vor dem Leben hätte man keinen Respekt mehr. Das Ehegelübde sähe man nicht mehr als heilige Festung zum Schutz der Familie an. Wer dazu in der Lage wäre, würde sich, die Frau seines Nächsten mit Gewalt nehmen, wenn er Lust dazu hätte. Das fünfte Gebot bliebe ebenso wie das vierte unbeachtet. Kinder würden nicht davor zurückschrecken, ihre Eltern zu töten, wenn sie dadurch die Wünsche ihres verdorbenen Herzens erfüllen könnten. Die zivilisierte Welt würde eine Horde von Räubern und Mördern werden. Friede, Ruhe und Glück wären von der Erde verbannt.

Die Lehre, dass die Menschen Gottes Gebote nicht mehr befolgen müssen, hat die moralische Erwartung bereits geschwächt und dem Unrecht in der Welt Tür und Tor geöffnet. Gesetzlosigkeit, Ausschweifung und Korruption strömen auf uns ein wie eine überwältigende Flut. In der Familie ist Satan am Wirken. Sein Banner weht sogar in angeblich christlichen Häusern. Man findet dort Neid, Argwohn, Heuchelei, Entfremdung, Zwietracht, Streit, Treuebruch, Genusssucht. Das ganze System religiöser Grundsätze und Lehren, das als Grundlage und Gerüst des gesellschaftlichen Lebens gedacht ist, scheint ins Wanken gekommen zu sein und sich kurz vor dem Einsturz zu befinden. Schwerstverbrecher, die wegen ihrer Vergehen im Gefängnis sitzen, werden oft mit Geschenken und Aufmerksamkeit bedacht, als sei ihre Haft eine beneidenswerte Auszeichnung. Ihr Charakter und ihre Verbrechen werden an die große Glocke gehängt. Die Presse veröffentlicht die widerlichen Einzelheiten der Verbrechen und weiht auf diese Weise andere in die Ausübung von Betrug, Raub und Mord ein, während Satan sich über den Erfolg seiner höllischen Pläne freut. Das Liebäugeln mit dem Laster, die leichtfertigen Mordtaten, die schreckliche Zunahme der Ausschweifung und Bosheit aller Art und jeden Grades sollten alle Gottesfürchtigen veranlassen zu forschen, was getan werden könnte, um der Flut des Bösen Einhalt zu gebieten.

Die Gerichtshöfe sind korrupt. Herrscher werden von Gewinn- und Genusssucht getrieben. Ausschweifung hat das Denkvermögen vieler Menschen getrübt, sodass Satan sie nahezu vollständig im Griff hat. Juristen werden verführt, bestochen, hintergangen. Trunksucht und Schwelgerei, Leidenschaft, Neid, Unehrlichkeit in jeder Weise werden von denen verübt, die die Gesetze handhaben. „Und das Recht ist zurückgewichen, und die Gerechtigkeit hat sich entfernt; denn die Wahrheit ist auf der Gasse zu Fall gekommen, und die Aufrichtigkeit findet keinen Eingang.“ (Jesaja 59,14).

Die Bosheit und geistliche Finsternis, die unter der Oberhoheit der römischen Kirche vorherrschten, sind die unausbleibliche Folge ihrer Unterdrückung der Heiligen Schrift. Wo aber liegt die Ursache der weit verbreiteten Gottlosigkeit, der Verwerfung von Gottes Gesetz und dem daraus folgenden Unheil im Zeitalter der Religionsfreiheit, wo das volle Evangeliumslicht scheint? Jetzt, wo Satan die Welt nicht länger unter seiner Herrschaft halten kann, indem er ihr die Heilige Schrift entzieht, benutzt er andere Mittel, um dasselbe Ziel zu erreichen. Den Glauben an die Bibel zu zerstören, bringt ihn genauso ans Ziel, wie wenn er die Bibel selbst vernichten würde. Durch die Auffassung, Gottes Gesetze seien nicht bindend, bringt er die Menschen genauso dahin, sie zu übertreten, als wenn sie über seine Vorschriften überhaupt nichts wüssten. Auch heute verfolgt er seine Absicht wie in früheren Zeiten durch die Kirche. Religiöse Organisationen weigern sich, auf die unbeliebten Wahrheiten zu hören, die in der Heiligen Schrift deutlich erklärt werden. Sie bekämpfen sie und suchen in Auslegungen und Positionen Zuflucht, durch die der Same des Unglaubens gesät wird. Sie halten am päpstlichen Irrtum fest, dass die Seele des Menschen nach dem Tod weiterlebt und Bewusstsein hat. Damit haben sie die einzige Schutzwehr gegen die Täuschungen des Spiritismus verworfen. Die Lehre von der ewigen Qual hat viele Menschen dazu verleitet, die Aussagen der Heiligen Schrift anzuzweifeln. Wenn dann das vierte Gebot den Menschen klargemacht wird und es sich zeigt, dass die Beachtung des Siebten-Tag-Sabbats verbindlich ist, dann erklären viele bekannte Gelehrte als einzigen Ausweg, Gottes Gesetz sei nicht mehr bindend. Sie möchten sich nämlich von einer Pflicht befreien, die sie nicht erfüllen wollen. So verwerfen sie beides gleichzeitig: das Gesetz und den Sabbat. Wenn sich das Sabbatbewusstsein ausbreitet, wird die Ablehnung des göttlichen Gesetzes nahezu Standard werden. Denn man will dem vierten Gebot aus dem Weg gehen. Die Lehren religiöser Führer haben dem Unglauben, dem Spiritismus und der Verachtung von Gottes heiligem Gesetz die Tore geöffnet. Auf diesen Leitern liegt eine furchtbare Verantwortung für die Gottlosigkeit, die in der christlichen Welt vorherrscht.

Dennoch behaupten gerade diese Leute, dass die schnell überhandnehmende Korruption und Kriminalität vor allem der Entheiligung des so genannten „christlichen Sabbats" zuzuschreiben sei, und dass die kompromisslose Einhaltung der Sonntagsfeier die Moral der Gesellschaft erheblich verbessern würde. Das wird besonders in Amerika behauptet, wo die Lehre vom wahren Sabbat am meisten gepredigt worden ist. Dort arbeitet die Temperenzbewegung, eine der bekanntesten und wichtigsten aller sittlichen Reformen, oft mit der Sonntagsbewegung zusammen, und ihre Anhänger treten auf, als setzten sie sich für das höchste Wohl der Gesellschaft ein. Alle, die sich nicht mit ihnen verbinden wollen, sind als Feinde der Mäßigkeit und der Reform verschrien. Dass aber eine irrige Bewegung mit einem Werk verbunden ist, das an sich gut ist, spricht deshalb noch längst nicht für den Irrtum. Man kann Gift mit gesunder Nahrung vermischen und dadurch unkenntlich machen, aber auf diese Weise verändert sich seine Wirkung nicht. Im Gegenteil, es wird umso gefährlicher, da man es eher einnimmt, ohne sich dessen bewusst zu sein. Es ist eine von Satans Methoden, mit der Lüge gerade so viel Wahrheit zu verbinden, dass sie glaubwürdig erscheint. Die Leiter der Sonntagsbewegung mögen Reformen vertreten, die das Volk nötig hat, und Grundsätze, die mit der Bibel übereinstimmen, und doch können sich die Diener des Herrn nicht mit ihnen vereinen, weil damit eine Forderung verbunden ist, die Gottes Gesetz zuwiderläuft. Nichts kann die Beseitigung der Gebote Gottes zu Gunsten menschlicher Vorschriften rechtfertigen.

Durch die zwei großen Irrtümer, die Unsterblichkeit der Seele und die Heiligkeit des Sonntags, wird Satan die Menschen erfolgreich täuschen. Während der eine Irrtum das Fundament für den Spiritismus legt, schafft der andere ein Band der Harmonie mit Rom. Die Protestanten der USA werden ihre Hand zuerst über die Kluft ausstrecken, um die Hand des Spiritismus zu erfassen. Sie werden über den Abgrund die Hand der römischen Macht ergreifen, und unter dem Einfluss dieser dreifachen Verbindung wird jenes Land in Roms Fußstapfen wandeln und die Gewissensrechte mit Füßen treten.

Da der Spiritismus das heutige Namenschristentum nachahmt, hat er größere Täuschungs- und Anziehungskraft. Satan selbst hat sich bekehrt in diesem neuen System. Er wird als ein Engel des Lichts erscheinen. Durch die Wirksamkeit des Spiritismus werden Wunder geschehen; Kranke werden geheilt und viele unleugbar übernatürliche Taten vollbracht werden. Und da die Geister ihren Glauben an die Bibel beteuern und Achtung vor den Institutionen der Kirche bekunden, wird ihr Werk als eine Offenbarung göttlicher Macht gelten.

Die Grenze zwischen den bekennenden Christen und den Gottlosen ist heutzutage kaum noch erkennbar. Glieder der Kirche lieben, was die Welt liebt, und sind bereit, sich mit ihr zu vereinen. Satan ist fest entschlossen, sie zu einer Gemeinschaft zu verbinden und seine Sache dadurch zu stärken, dass er alle in die Reihen des Spiritismus treibt. Katholiken, die Wunder als ein Zeichen der wahren Kirche ansehen, werden durch diese Wunder wirkende Macht leicht getäuscht werden, und Protestanten, die den Schild der Wahrheit von sich geworfen haben, werden ebenfalls verführt werden. Katholiken, Protestanten und Weltkinder geben sich zwar einen frommen Anschein, aber von der Kraft wahrer Gottesfurcht wollen sie nichts wissen (2. Timotheus 3,5). Sie werden in dieser neuen

Einigkeit eine große Bewegung zur Bekehrung der Welt sehen, die das lang erwartete Millennium ankündigt.

Durch den Spiritismus erscheint Satan als Wohltäter der Menschen, indem er die Krankheiten des Volkes heilt und vorgibt, eine neue und erhabenere Religion einzuführen; gleichzeitig aber wirkt er als Zerstörer. Seine Versuchungen führen Scharen von Menschen ins Verderben. Alkohol entthront die Vernunft. Sinnliche Befriedigung, Streit und Blutvergießen folgen. Satan ergötzt sich am Krieg, denn dieser weckt die schlimmsten Leidenschaften der Seele und rafft dann seine in Laster und Blut versunkenen Opfer hinweg in die Ewigkeit. Es ist daher Satans Absicht, die Völker gegeneinander zum Krieg aufzuhetzen, denn auf diese Weise kann er die Gedanken der Menschen von den Vorbereitungen ablenken, die sie befähigen würden, am Tag Gottes zu bestehen.

Satan wirkt auch durch die Elemente, um seine Ernte an unvorbereiteten Menschen einzusammeln. Er hat die Geheimnisse des Laboratoriums der Natur studiert und setzt seine ganze Macht ein, um die Elemente zu beherrschen, soweit Gott es zulässt. Als es ihm gestattet war, Hiob zu schaden, da waren Herden, Knechte, Häuser, Kinder schnell hinweggerafft. Ein Unglück folgte unmittelbar auf das andere. Gott dagegen behütet seine Geschöpfe und bewahrt sie vor der Macht des Verderbens. Doch die christliche Welt hat das Gesetz des Herrn verachtet, und der Herr wird genau das tun, was er angekündigt hat: Er wird der Erde seinen Segen entziehen und seinen fürsorgenden Schutz von denen nehmen, die sich gegen sein Gesetz auflehnen und andere lehren und zwingen, dasselbe zu tun. Satan herrscht über alle, die nicht unter Gottes besonderem Schutz stehen. Er wird manche begünstigen und fördern, um seine eigenen Absichten voranzutreiben; andere aber wird er mit Schwierigkeiten überschütten und den Menschen einreden, es sei Gott, der sie quält.

Während er den Menschen als großer Arzt erscheint, der alle ihre Krankheiten heilen kann, wird er Gebrechen und Unheil bringen, bis große Städte in Trümmer und Einöden verwandelt sind. Sogar jetzt ist er tätig. In Unfällen und Not zu Wasser und zu Lande, in großen Feuersbrünsten, in heftigen Tornados und schrecklichen Hagelstürmen, in Unwettern, Flutkatastrophen, riesigen Wirbelstürmen und Erdbeben, überall und in jeder Gestalt übt Satan seine Macht aus. Er fegt die reifende Ernte hinweg, und Hungersnot und Elend folgen. Er erfüllt die Luft mit einer tödlichen Seuche, und Tausende kommen dadurch um. Die Heimsuchungen werden immer häufiger und katastrophaler werden. Das Verderben wird über Menschen wie über Tiere kommen. „Das Land steht jämmerlich und verderbt ... die Höchsten des Volks ... nehmen ab. Das Land ist entheiligt von seinen Einwohnern; denn sie übertreten das Gesetz und ändern die Gebote und lassen fahren den ewigen Bund." (Jesaja 24,4.5).

Dann wird der große Betrüger den Menschen einreden, dass diejenigen, die Gott dienen, an den Problemen schuld sind. Die Menschen, die das Missfallen des Himmels herausgefordert haben, werden all ihr Unglück denen zur Last legen, deren Treue gegenüber Gottes Geboten den Übertretern ein ständiger Dorn im Auge ist. Man wird erklären, dass die Menschen durch die Missachtung der Sonntagsfeier Gott beleidigen, dass diese Sünde Schwierigkeiten gebracht hat, die nicht aufhören werden, bis man die Heiligung des Sonntags streng beachtet, und dass diejenigen, welche die Ansprüche des vierten Gebots aufzeigen und dadurch die Achtung vor dem Sonntag untergraben, Störenfriede der Menschen sind und die Wiedereinsetzung in göttliche Gnade und irdischen Wohlstand verhindern.

So wird aus den gleichen Gründen die einst gegen die Diener Gottes vorgebrachte Anklage wiederholt werden: „Und als Ahab Elia sah, sprach Ahab zu ihm: Bist du nun da, der Israel ins Unglück stürzt? Er aber sprach: Nicht ich stürze Israel ins Unglück, sondern du und deines Vaters Haus dadurch, dass ihr des Herrn Gebote verlassen habt und wandelt den Baalen nach." (1. Könige 18,17.18). Wenn der Zorn der Massen wegen falscher Anschuldigungen erregt ist, werden sie mit Gottes Boten ähnlich verfahren wie damals das gefallene Israel mit Elia.

Die Wunder wirkende Macht, die sich im Spiritismus zeigt, wird ihren Einfluss gegen alle ausüben, die Gott mehr gehorchen als den Menschen. In ihren Mitteilungen werden Geister erklären, dass Gott sie gesandt habe, um die Sonntagsgegner ihres Irrtums zu überführen und zu bestätigen, dass die Landesgesetze so zu beachten seien, als kämen sie von Gott. Sie werden die große Gottlosigkeit in der Welt beklagen und den Aussagen der Religionsgelehrten beipflichten, dass die gesunkene Moral durch die Entheiligung des Sonntags verursacht werde. Tiefe Entrüstung wird sich gegen all jene erheben, die sich weigern, sich dem anzuschließen.

Satans Politik im Umgang mit Gottes Gemeinde in diesem letzten Kampf ist die gleiche, die er zu Beginn der großen Kontroverse im Himmel verfolgte. Er tat so, als wolle er die Stabilität der göttlichen Regierung fördern, während er heimlich alles unternahm, um sie zu stürzen. Gerade das, was er auf diese Weise durchzuführen hoffte, legte er den treu gebliebenen Engeln zur Last. Unter der Herrschaft Roms wurden die Menschen, die ihre Treue zum Evangelium mit dem Leben bezahlen mussten, als Übeltäter gebrandmarkt. Man erklärte, sie seien mit Satan im Bunde, und wandte alle möglichen Mittel an, sie mit Vorwürfen zu überschütten, damit sie in den Augen des Volkes und sogar vor sich selbst als Schwerstverbrecher erschienen. So wird es auch jetzt sein. Indem Satan danach trachtet, die Menschen umzubringen, die Gottes Gebote ehren, wird er dafür sorgen, dass sie als Gesetzesbrecher angeklagt werden, als solche, die Gott entehren und Katastrophen über die Welt bringen.

Gott zwingt nie – weder den Willen noch das Gewissen. Satan hingegen greift auf Zwang und Grausamkeit zurück, um jene in seine Gewalt zu bringen, die er anders nicht verführen kann. Mit Furcht oder Zwang versucht er, das Gewissen zu beherrschen und sich Huldigung zu sichern. Um dies durchzusetzen, wirkt er sowohl durch religiöse als auch durch weltliche Mächte, um mit menschlichen Verordnungen Gottes Gesetz zu trotzen.

Die den biblischen Sabbat ehren, werden als Feinde des Gesetzes und der Ordnung verschrien, als solche, die die moralischen Schranken der Gesellschaft niederreißen, Anarchie und Verderben verursachen und Gottes Strafgerichte über die Erde bringen. Ihre Gewissensbedenken werden als Eigensinn, Sturheit und Obrigkeitsbeleidigung gelten. Sie werden als Staatsfeinde beschuldigt werden. Prediger, die die Verbindlichkeit des göttlichen Gesetzes leugnen, werden von der Kanzel herunter dazu aufrufen, den Aufforderungen der staatlichen Behörden nachzukommen; denn diese seien von Gott eingesetzt. In Parlamenten und an Gerichtshöfen werden die Menschen, die Gottes Gebote beachten, verleumdet und verurteilt werden. Ihre Worte wird man falsch deuten und ihren Handlungen die schlechtesten Motive unterstellen.

Die protestantischen Gemeinden werden die eindeutigen, biblischen Beweise für die Gültigkeit von Gottes Gesetz beiseitewischen. Alle, deren Glauben sie mit der Bibel nicht widerlegen können, werden sie zum Schweigen bringen wollen. Sie verschließen dabei ihre Augen davor, dass sie einen Weg der Intoleranz einschlagen. Er wird zur Verfolgung aller führen, die sich gewissenhaft weigern, mit dem Strom der übrigen christlichen Welt mitzuschwimmen. Sie ihrerseits erkennen den päpstlichen Sonntag an.

Kirchliche und staatliche Würdenträger werden sich vereinen, um alle Menschen zu bestechen, zu überreden oder zu zwingen, den Sonntag zu ehren. Die fehlende göttliche Autorität wird durch einengende Verordnungen ersetzt werden. Politische Korruption untergräbt Gerechtigkeitssinn und Wahrheitsliebe. Selbst im freien Amerika werden Beamte und Gesetzgeber dem populistischen Verlangen nach einem Gesetz nachgeben, das der Sonntagsheiligung Geltung verschafft, nur um sich die öffentliche Gunst zu sichern. Die Gewissensfreiheit, die so große Opfer gekostet hat, wird nicht länger geachtet werden. Der herannahende Konflikt wird ein Paradebeispiel für die Worte des Propheten sein: „Und der Drache wurde zornig über die Frau und ging hin, um Krieg zu führen mit den Übrigen von ihrem Samen, welche die Gebote Gottes befolgen und das Zeugnis Jesu Christi haben." (Offenbarung 12,17).

Die USA befinden sich in Gefahr. Die Zeit naht, wo die Gesetzgeber dieses Landes den Prinzipien des Protestantismus abschwören, um den römischen Abfall vom Glauben zu unterstützen. Das Volk, für das Gott so wunderbar gewirkt hat, als er es stark machte, um das schwere Joch des Papsttums abzuwerfen, wird durch ein nationales Gesetz dem verdorbenen Glauben Roms Kraft verleihen. Damit wird die Tyrannei wieder auferstehen, die nur auf den geringsten Anlass wartet, um Grausamkeit und Despotismus wieder aufleben zu lassen. Wir nähern uns bereits mit schnellen Schritten dieser Zeit. Die protestantischen Kirchen werden den säkularen Staat um Unterstützung ersuchen und es damit jener abtrünnigen Kirche nachtun, der ihre Vorväter Widerstand leisteten und von der sie deshalb fürchterlich verfolgt wurden. Wenn dies geschieht, wird es zu einem nationalen Abfall kommen, der nur in nationalem Ruin enden kann.

Die Bibel als Schutz

„Ja, nach dem Gesetz und Zeugnis! Werden sie das nicht sagen, so werden sie die Morgenröte nicht haben.“ (Jesaja 8,20). Dem Volk Gottes wird die Heilige Schrift als Schutz gegen den Einfluss falscher Lehrer und gegen die trügerische Macht der Geister der Finsternis vor Augen gestellt. Satan wendet jede mögliche List an, um die Menschen daran zu hindern, sich Kenntnisse aus der Bibel anzueignen, denn ihre deutlichen Aussagen enthüllen seine Täuschungen. Durch jede Erweckung in Gottes Werk wird der Fürst des Bösen zu größerer Aktivität angespornt. Nun gelten seine äußersten Anstrengungen einem letzten Kampf gegen Jesus und seine Nachfolger. **Die letzte große Täuschung wird sich bald vor uns entfalten. Der Antichrist wird uns seine Kunststücke vorführen. Die Nachahmung wird dem Echten so stark gleichen, dass es unmöglich sein wird, beide zu unterscheiden, es sei denn mit der Heiligen Schrift. An ihrem Zeugnis ist jede Behauptung und jedes Wunder zu prüfen.**

Jene, die bestrebt sind, alle Gebote Gottes zu befolgen, werden angefeindet und verlacht werden. Sie können nur in Gott standhalten. Um die vor ihnen liegende Prüfung bestehen zu können, müssen sie Gottes Willen verstehen, wie er in seinem Wort offenbart ist. Sie können ihn nur umsetzen, wenn sie eine richtige Vorstellung seines Wesens, seiner Regierung und seiner Absichten haben – und auch danach handeln. Nur wer seine Seele mit den Wahrheiten der Bibel gestärkt hat, wird den letzten großen Kampf überstehen. Jeder wird an der Frage geprüft: Soll ich Gott mehr gehorchen als den Menschen? Die Stunde der Entscheidung ist jetzt sehr nahe. Stehen unsere Füße auf dem Felsen von Gottes unveränderlichem Wort? Sind wir bereit, fest für die Verteidigung von Gottes Geboten und Jesu Glauben einzustehen?

Vor der Kreuzigung erklärte der Heiland seinen Jüngern, dass er getötet werden und aus dem Grab auferstehen würde. Engel umgaben sie, um seine Worte ihren Herzen und Gemütern einzuprägen. Die Jünger aber erwarteten eine irdische Befreiung vom römischen Joch und konnten den Gedanken nicht ertragen, dass ihr Hoffnungsträger einen schmachvollen Tod erleiden sollte. Die Worte, an die sie sich hätten erinnern sollen, hatten sie vergessen, und die Zeit der Prüfung fand sie unvorbereitet. Jesu Tod zerstörte ihre Hoffnungen vollständig, als ob er sie nie auf sein Sterben hingewiesen hätte. So wird uns in den Weissagungen die Zukunft ebenso deutlich erklärt, wie Jesus sie seinen Jüngern erläutert hatte. Die Ereignisse, die mit dem Ende der Gnadenzeit und der Vorbereitung für die Trübsalszeit in Verbindung stehen, werden uns deutlich dargelegt. Aber ganze Scharen verstehen diese wichtigen Wahrheiten so, als wären sie ihnen nie offenbart worden. Satan wacht, um jeden Eindruck von ihnen abzufangen, der ihnen den Weg zur Rettung zeigen könnte. Dann wird die Trübsalszeit sie unvorbereitet finden.

Wenn Gott den Menschen so wichtige Warnungen sendet, dass sie als Verkündigung heiliger Engel präsentiert werden, die mitten durch den Himmel fliegen, dann sollte jedes vernünftige Wesen die Botschaft beachten. Die furchtbaren Strafgerichte, die gegen die Anbetung des Tiers und seines Bildes ausgesprochen wurden (Offenbarung 14,9-11), müssten eigentlich alle dazu bewegen, die Weissagungen intensiv zu studieren, um zu erfahren, was das Malzeichen des Tiers ist und wie man es vermeiden kann. Aber die meisten Menschen haben taube Ohren für die Wahrheit und wenden sich lieber Fabeln zu. Der Apostel Paulus erklärte im Hinblick auf die letzten Tage: „Es wird eine Zeit sein, da sie die heilsame Lehre nicht leiden werden.“ (2. Timotheus 4,3). Diese Zeit ist jetzt da. Die Masse möchte die biblische

Wahrheit nicht, weil diese sich mit den Begierden des sündigen, weltliebenden Herzens nicht verträgt, und Satan versorgt sie mit dem Blendwerk, das ihnen gefällt.

Aber Gott will ein Volk auf Erden haben, das ausschließlich die Heilige Schrift als Richtschnur aller Lehre und Grundlage aller Reformen beibehält. Die Meinungen gelehrter Menschen, die Ergebnisse der Wissenschaft, die Glaubenssätze und Beschlüsse von Kirchenversammlungen, zahlreich und uneins wie die Kirchen, die sie vertreten, die Stimme der Mehrheit – weder das eine allein noch sie alle zusammen können als Beweis für oder gegen irgendeinen religiösen Glaubenspunkt betrachtet werden. Ehe wir irgendeine Lehre oder Vorschrift annehmen, sollten wir ein deutliches „So spricht der Herr!“ als Beweis dafür verlangen.

Satan ist ständig bemüht, die Aufmerksamkeit von Gott weg auf Menschen zu richten. Er verleitet die Gemeinde, Bischöfe, Pastoren und Theologieprofessoren als Führer zu betrachten, statt die Heilige Schrift zu studieren, um ihre Aufgabe selbst herauszufinden. Dann kann er nämlich, indem er den Verstand dieser geistlichen Führer steuert, die Menge nach seinem Willen lenken.

Als Jesus kam, um Worte des Lebens zu verkündigen, hörte das Volk ihm gern zu, und viele, sogar Priester und Oberste, glaubten an ihn. Aber die führenden Köpfe der Priesterschaft und die tonangebenden Männer des Volkes verurteilten und verwarfen seine Lehren entschieden. Obwohl sie trotz aller Anstrengungen, keine Anklagepunkte gegen ihn finden konnten und obwohl sie den Einfluss göttlicher Macht und Weisheit spürten, der seine Worte begleitete, blieben sie doch bei ihren Vorurteilen. Sie verwarfen die deutlichsten Beweise seines Messiasamtes, damit sie nicht gezwungen wären, seine Jünger zu werden. Jesu Gegner waren Männer, die zu ehren das Volk von Kindheit an gelehrt worden, deren Autorität es sich bedingungslos zu beugen gewohnt war. Wie kommt es, fragten viele, dass unsere Obersten und weisen Schriftgelehrten nicht an Jesus glauben? Würden diese frommen Männer ihn nicht annehmen, falls er der Messias wäre? Der Einfluss solcher Lehrer war es, der die jüdische Nation dazu verleitete, ihren Erlöser zu verwerfen.

Diesen Geist, der jene Priester und Obersten bewegte, bekunden auch jetzt noch viele, die um ihre Frömmigkeit viel Wind machen. Sie weigern sich, die Aussagen der Heiligen Schrift über die besonderen Wahrheiten für diese Zeit zu untersuchen. Sie verweisen auf ihre Anzahl, ihren Reichtum und ihre Beliebtheit und blicken geringschätzig auf die Befürworter der Wahrheit herab, die in ihren Augen wenig, arm und unbeliebt sind und einen weltfremden Glauben haben.

Jesus sah voraus, dass die ungerechtfertigte Machtanmaßung der Schriftgelehrten und Pharisäer mit der Zerstreuung der Juden nicht aufhören würde. Mit prophetischem Blick sah er voraus, wie Menschen in ihrer Machtgier das Gewissen beherrschen und so bis heute zu einem schrecklichen Fluch für die Kirche werden würden. Seine besorgte Anklage gegen die Schriftgelehrten und Pharisäer sowie seine Warnungen ans Volk, ihren verblendeten Führern nicht zu folgen, wurden als Mahnung für künftige Geschlechter aufgezeichnet.

Die römische Kirche hat das Recht zur Auslegung der Heiligen Schrift dem Klerus vorbehalten. Geistliche allein seien in der Lage, Gottes Wort zu erklären. Mit dieser Begründung enthält sie den Menschen die Bibel vor.

Wenn auch die Reformation die Heilige Schrift allen zugänglich machte, so hindert doch der gleiche römische Grundsatz viele in den protestantischen Kirchen daran, selbst die Bibel zu studieren. Sie werden unterwiesen, ihre Lehren so anzunehmen, wie die Kirche sie auslegt, und es gibt Tausende, die sich nicht wagen würden, irgendetwas anzunehmen, das ihrem Glaubensbekenntnis oder den bestehenden Lehrsätzen der Kirche entgegen steht, sei es auch noch so deutlich in der Schrift offenbart.

Obwohl die Bibel genügend Warnungen vor falschen Lehrern enthält, überlassen doch viele auf diese Weise die Bewahrung ihrer Seele geistlichen Leitern. Es gibt heute Tausende sogenannter Christen, die keinen andern Grund für ihren Glauben angeben können, als dass sie von ihren geistlichen Oberhäuptern so unterrichtet wurden. Sie lassen die Lehren des Heilands beinahe völlig unbeachtet und vertrauen blind den Worten ihrer Prediger. Sind diese aber unfehlbar? Wie können wir uns von ihnen führen lassen, wenn wir nicht aus Gottes Wort wissen, dass sie uns Licht bringen? Weil ihnen die Zivilcourage fehlt, gegen den Strom zu schwimmen, folgen viele einfach den Gelehrten und verstricken sich hoffnungslos in den Irrtum, weil sie kein Verlangen haben, den Dingen selber auf den Grund zu gehen. Sie sehen zwar, dass die Wahrheit für heute in der Bibel deutlich hervorgehoben wird, und spüren auch die Kraft des Heiligen Geistes, der ihre Verkündigung begleitet, aber sie lassen sich durch den Widerstand der Theologen vom Licht wegführen. Obwohl Vernunft und Gewissen überzeugt sind, trauen sich diese Getäuschten nicht, anders zu denken als ihr Geistlicher. Ihr persönliches Urteil und ewiges Wohl opfern sie dem Unglauben, dem Stolz und dem Vorurteil eines anderen.

Auf vielfältige Weise wirkt Satan durch Menschen, um seine Gefangenen zu binden. Er sichert sich ganze Scharen, indem er sie mit den seidenen Banden der Zuneigung an jene bindet, die Feinde des Kreuzes Christi sind. Egal, mit wem man so verbunden sein mag, ob mit Eltern, Kindern, Ehegatten oder Freunden – die Wirkung ist die gleiche: Die Wahrheitsgegner üben ihren Einfluss auf das Gewissen aus, und die Menschen in ihrem Bann haben nicht genügend Mut oder Eigenverantwortung, um ihrem eigenen Gewissen zu folgen.

Gottes Wahrheit und Herrlichkeit sind nicht voneinander zu trennen. Man kann Gott nicht durch falsche Ansichten ehren, wenn man die Bibel zur Hand hat. Viele behaupten, es komme nicht darauf an, was man glaube, wenn man nur recht lebe. Aber das Leben wird doch durch den Glauben geprägt. Wenn uns Licht und Wahrheit angeboten werden und wir machen uns die Gnadengabe, sie zu hören und zu erkennen, nicht zu Nutze, so haben wir sie gewissermaßen schon verworfen, weil wir die Finsternis dem Licht vorziehen.

„Der Mensch hält einen Weg für richtig, und dennoch führt er in den Tod.“ (Sprüche 16,25 Neues Leben). Unwissenheit ist keine Entschuldigung für Irrtum oder Sünde, wenn man Gelegenheit hat, Gottes Willen zu erkennen. Ein Wanderer kommt an eine Weggabelung mit einem Wegweiser. Wenn er sich nicht nach ihm richtet und den Weg einschlägt, der ihm der richtige zu sein scheint, ist die Wahrscheinlichkeit mehr als gering, dass er auf dem verkehrten Weg landet, wie aufrichtig er auch gewesen sein mag.

Gott hat uns sein Wort gegeben, damit wir mit dessen Lehren vertraut werden und selbst wissen, was er von uns verlangt. Als der Schriftgelehrte zu Jesus kam mit der Frage: „Was muss ich tun, dass ich das ewige Leben ererbe?“, verwies ihn der Heiland auf die Schrift und sagte: „Was steht im Gesetz geschrieben? Wie liest du?“ (Lukas 10,25.26). Unwissenheit kann weder Alt noch Jung entschuldigen, noch vor den schlimmen Folgen schützen, die die Übertretung von Gottes Gesetz nach sich zieht. Denn sie haben eine originalgetreue Ausgabe jenes Gesetzes und seiner Grundsätze und Forderungen in der Hand. Gute Absichten genügen keineswegs; auch reicht es nicht aus, das zu tun, was man für richtig hält oder was der Prediger für richtig erklärt. Das Heil der Menschen steht auf dem Spiel. Jeder muss für sich selbst in der Schrift forschen. Wie stark er auch davon überzeugt sein mag, wie fest er auch daran glaubt, dass der Geistliche weiß, was Wahrheit ist – er kann sich nicht darauf verlassen. Er besitzt eine Karte, in der jede Abzweigung auf der Reise zum Himmel eingetragen ist. Daher sollte er nicht versuchen, den Weg aufs Geratewohl zu finden. Die erste und höchste Aufgabe jedes vernunftbegabten Wesens besteht darin, aus der Heiligen Schrift zu erfahren, was Wahrheit ist, und dann in diesem Licht zu wandeln und andere zu ermutigen, seinem Beispiel zu folgen. Wenn wir Tag für Tag die Bibel aufmerksam studieren, jeden Gedanken abwägen und Vers mit Vers vergleichen, können wir uns mit Gottes Hilfe selbst unsere Meinung bilden, da wir ja auch einmal für uns selbst vor Gott Rechenschaft ablegen werden.

Die in der Bibel so eindeutig offenbarten Wahrheiten sind von gelehrten Menschen angezweifelt und verfinstert worden. Unter Vortäuschung großer Weisheit lehren sie, die Heilige Schrift habe eine mystische, esoterische, spirituelle Bedeutung, die in der verwendeten Sprache nicht ersichtlich sei. Diese Menschen sind falsche Lehrer. Solchen erklärte Jesus: „Ihr irrt euch, weil ihr weder die Schrift noch die Macht Gottes kennt." (Markus 12,24 Neues Leben). Die Sprache der Bibel ist gemäß ihrer offensichtlichen Bedeutung zu erklären, es sei denn, ein Symbol oder eine Stilfigur wird verwendet. Jesus hat verheißen: „Wer den Willen Gottes tun will, wird erkennen, ob meine Lehre von Gott kommt." (Johannes 7,17 Neues Leben). Wenn die Menschen die Heilige Schrift wirklich beim Wort nähmen und wenn es keine falschen Lehrer gäbe, dann könnte ein Werk getan werden, das die Engel froh machte und die Tausende und Abertausende in Jesu Herde brächte, die jetzt orientierungslos umherirren.

Das Studium der Bibel beansprucht alle unsere Geisteskräfte. Nur wenn wir uns um Verständnis bemühen, können wir die Tiefen Gottes erfassen, soweit das Sterblichen möglich ist; doch darf man dabei nicht vergessen, dass der Lernwille und die

Hingabe eines Kindes die richtige Einstellung beim Studieren ist. Schwierigkeiten im Bibeltext können nie auf dieselbe Weise gelöst werden wie philosophische Fragen. Selbstsicherheit beim Bibelstudium, wie in der Wissenschaft üblich, wäre fatal. Angebrachter ist andächtiges Gottvertrauen und aufrichtiges Verlangen, seinen Willen zu erkennen. Nur wenn wir respektvoll und lernbereit ans Studium gehen, um den großen „Ich bin" zu erkennen, wird es den Dämonen nicht gelingen, unseren Verstand zu verblenden und unsere Herzen zu verhärten, sodass die Wahrheit uns völlig kalt lässt.

Mancher Teil der Heiligen Schrift, den gelehrte Menschen als Mysterium darstellen oder als unwichtig übergehen, ist voller Trost und Unterweisung für den Schüler Jesu. Ein Grund dafür, dass viele Theologen Gottes Wort nicht besser verstehen, ist, dass sie vor dem, was sie nicht ausleben wollen, ihre Augen verschließen. Das Verständnis der biblischen Lehren hängt nicht so sehr von der Intelligenz ab als von der Priorität des Lesers, der aufrichtigen Sehnsucht nach Rechtschaffenheit.

Nie sollte die Bibel ohne Gebet studiert werden. Der Heilige Geist allein kann uns die Wahrheit der leicht verständlichen Teile einprägen und uns vom Verdrehen schwer verständlicher Wahrheiten bewahren. Durch den Dienst himmlischer Engel werden die Herzen darauf vorbereitet, Gottes Wort so zu verstehen, dass wir von seiner Schönheit begeistert, durch seine Warnungen auf der Hut sind oder durch die Verheißungen ermutigt und gestärkt werden. Machen wir uns ruhig die Bitte des Psalmisten zu eigen: „Öffne mir die Augen, dass ich sehe die Wunder an deinem Gesetz" (Psalm 119,18). Versuchungen erscheinen oft deshalb unwiderstehlich, weil sich der Versuchte nicht gleich an Gottes Verheißungen erinnert und Satan mit biblischen Waffen entgegentritt. Denn Gebet und Bibelstudium wurden vernachlässigt. Aber Engel stehen denen bei, die gerne von Gott lernen.

Sie werden sich gerade in Zeiten großer Not an das Gelernte erinnern, was sie brauchen. „Wenn der Bedränger kommt wie ein Wasserstrom, wird der Hauch des Herrn ihn in die Flucht schlagen." (Jesaja 59,19). Jesus verhieß seinen Jüngern:

„Der Beistand aber, der Heilige Geist, den der Vater senden wird in meinem Namen, der wird euch alles lehren und euch an alles erinnern, was ich euch gesagt habe." (Johannes 14,26). Doch Jesu Lehren gilt es, zuvor dem Gedächtnis einzuprägen, damit Gottes Geist sie uns zur Zeit der Gefahr in Erinnerung rufen kann. David sagte: „Ich bewahre dein Wort in meinem Herzen, damit ich nicht gegen dich sündige." (Psalm 119,11).

Alle, denen ihr ewiges Heil wichtig ist, sollten sich vor dem Skeptizismus hüten. Man wird sogar die Grundpfeiler der Wahrheit angreifen. Den Spötteleien, Spitzfindigkeiten und den heimtückischen und verderblichen Lehren des modernen Unglaubens geht man am besten völlig aus dem Weg. Satan hat Versuchungen für jeden Menschentypen. Den Ungebildeten überfällt er mit Gespött oder Hohn, den Gebildeten kommt er mit wissenschaftlichen Einwänden und philosophischen Gedankengängen. Beides mit der Absicht, die Heilige Schrift in Misskredit zu ziehen. Selbst unerfahrene junge Leute säen schon Zweifel an den Grundsätzen des Christentums. Und dieser jugendliche Unglaube – oberflächlich wie er ist – hat seinen Einfluss. Viele werden auf diese Weise dazu verleitet, über den Glauben ihrer Väter zu lachen und den Geist der Gnade zu verschmähen (Hebräer 10,29). Manches verheißungsvolle Leben hätte Gott Ehre und der Welt Segen bringen können. Doch es ist durch den giftigen Hauch des Unglaubens ruiniert worden. Alle, die den auftrumpfenden Urteilen menschlicher Vernunft vertrauen und sich einbilden, göttliche Geheimnisse erklären und ohne die Hilfe der Weisheit Gottes die Wahrheit herausfinden zu können, haben sich in Satans Netz verfangen.

Wir leben im ernstesten Abschnitt der Weltgeschichte. Das Schicksal der auf der Erde geschäftig dahintreibenden Menschenmassen steht kurz vor der Entscheidung. Unser eigenes zukünftiges Wohl und auch das Heil anderer Menschen hängt davon ab, welchen Weg wir jetzt einschlagen. Wir brauchen die Leitung des Geistes der Wahrheit. Jeder Nachfolger Jesu sollte sich ernstlich fragen: Herr, was willst du, dass ich tun soll? Demütigen wir uns vor dem Herrn mit Fasten und Beten und denken wir viel über sein Wort nach – besonders über die Gerichtsszenen!

Es gilt, jetzt nach einer tiefen und lebendigen geistlichen Erfahrung zu suchen. Wir haben keine Zeit zu verlieren. Rings um uns her geschehen Ereignisse von höchster Wichtigkeit. Wir befinden uns auf Satans verzaubertem Boden. Schlaft nicht, Wächter Gottes! Der Feind lauert in der Nähe, allezeit bereit, euch anzugreifen und zu seiner Beute zu machen, falls ihr matt und schläfrig werdet.

Viele schätzen ihre wahre Lage vor Gott falsch ein. Sie sind ganz froh, dass sie bestimmte böse Handlungen nicht begehen und vergessen die guten und edlen Taten, die Gott von ihnen verlangt, die sie jedoch unterlassen. Es genügt nicht, Bäume in Gottes Garten zu sein. Denn er erwartet Früchte. Er wird sie fragen, warum sie all das Gute nicht geleistet haben, das sie durch seine stärkende Gnade hätten leisten können. In den Büchern des Himmels stehen sie als Bäume verzeichnet, die dem Boden Kraft rauben. Doch selbst die Lage dieser Menschen ist nicht aussichtslos. Auch um Menschen, denen Gottes Barmherzigkeit egal war und die seine Gnade missbraucht haben, ringt noch immer das Herz des langmütigen Gottes der Liebe. Darum spricht er: „Wache auf, der du schläfst, und stehe auf von den Toten, so wird dich Christus erleuchten. So seht nun sorgfältig darauf, wie ihr euer Leben führt … und kauft die Zeit aus; denn es ist böse Zeit.“ (Epheser 5,14-16).

Wenn die Zeit der Prüfung kommt, wird man erkennen, welche Menschen Gottes Wort zu ihrer Lebensregel gemacht haben. Im Sommer nimmt man keinen großen Unterschied zwischen den immergrünen und anderen Bäumen wahr. Wenn aber die Winterstürme kommen, bleiben die immergrünen Bäume unverändert, während die andern ihr Laub verlieren. So mag der Scheinchrist jetzt vom wahren Christen nicht zu unterscheiden sein, aber die Zeit ist nahe, da sich der Unterschied zeigen wird. Wenn sich erst wieder Opposition erhebt, religiöser Fanatismus und Intoleranz erneut das Zepter ergreifen und die Verfolgung beginnt, dann werden die Halbherzigen und Heuchler wanken und ihren Glauben aufgeben – der wahre Christ aber wird feststehen wie ein Fels mit einem stärkeren Glauben, einer größeren Hoffnung als in den Tagen des Wohlstands.

Der Psalmist sagt: „Deine Zeugnisse sind meine Rede … Dein Wort macht mich klug; darum hasse ich alle falschen Wege." (Psalm 119,99.104).

„Wohl dem Menschen, der Weisheit findet." „Der ist wie ein Baum, am Wasser gepflanzt und am Bach gewurzelt. Denn obgleich eine Hitze kommt, fürchtet er sich doch nicht, sondern seine Blätter bleiben grün, und sorgt nicht, wenn ein dürres Jahr kommt, sondern er bringt ohne Aufhören Früchte." (Sprüche 3,13; Jeremia 17,8).

Die letzte Warnung

„Und nach diesem sah ich einen Engel aus dem Himmel herabsteigen, der hatte große Vollmacht, und die Erde wurde erleuchtet von seiner Herrlichkeit. Und er rief kraftvoll mit lauter Stimme und sprach:

Gefallen, gefallen ist Babylon, die Große, und ist eine Behausung der Dämonen geworden und ein Gefängnis aller unreinen Geister und ein Gefängnis aller unreinen und verhassten Vögel. ... Und ich hörte eine andere Stimme aus dem Himmel, die sprach: Geht hinaus aus ihr, mein Volk, damit ihr nicht ihrer Sünden teilhaftig werdet und damit ihr nicht von ihren Plagen empfangt!“ Offenbarung 18,1.2.4.

Diese Schriftstelle weist auf eine Zeit hin, in der die Ankündigung des Falles Babylons, wie sie der zweite Engel macht (Offenbarung 14,8) wiederholt wird. Es wird zusätzlich erwähnt, welche Verderbnisse in die verschiedenen Gemeinschaften eingedrungen sind, aus denen sich Babylon zusammensetzt, seitdem jene Botschaft im Sommer 1844 zuerst verkündet wurde. Ein schrecklicher Zustand der religiösen Welt wird hier beschrieben. Mit jeder Verwerfung der Wahrheit werden die Gemüter des Volkes finsterer und die Herzen hartnäckiger werden, bis sie hinter einer ungläubigen Dreistigkeit verschanzt sind. Den von Gott gegebenen Warnungen zum Trotz verhöhnen sie weiterhin eines der Zehn Gebote, bis sie dahin kommen, die zu verfolgen, die es heilighalten. Christus wird durch die Geringschätzung, mit der man sein Wort und sein Volk behandelt, für nichts geachtet. Wenn die Lehren des Spiritismus von den Kirchen angenommen werden, fällt die dem fleischlichen Herzen auferlegte Schranke, und das Religionsbekenntnis wird zum Deckmantel der niedrigsten Sünde. Der Glaube an spiritistische Offenbarungen öffnet verführerischen Geistern und Lehren der Teufel die Tür, und so wird der Einfluss böser Engel in den Kirchen spürbar. Von Babylon heißt es zu der Zeit, als es uns in der Weissagung bekannt gemacht wird: „Ihre Sünden reichen bis in den Himmel, und Gott denkt an ihren Frevel." Offenbarung 18,5. Sie hat das Maß ihrer Schuld angefüllt, und das Verderben wird sie schnell überfallen.

Aber Gott hat noch ein Volk in Babylon, und vor der Heimsuchung durch seine Strafgerichte müssen diese Getreuen herausgerufen werden, damit sie nicht teilhaftig werden deren Sünden und nicht etwas empfangen von deren Plagen. Deshalb ist auch die Bewegung durch den Engel sinnbildlich darstellt, der vom Himmel herabkommt, die Erde mit seiner Herrlichkeit erleuchtet und mit Macht und starker Stimme die Sünden Babylons verkündet. In Verbindung mit einer Botschaft erklingt der Ruf: „Geht hinaus aus ihr, mein Volk!" Diese Ankündigungen bilden mit der dritten Engelsbotschaft die letzte Warnung an die Bewohner der Erde.

Furchtbar ist das Ende, dem die Welt entgegeneilt. Die im Kampf gegen die Gebote Gottes verbundenen Mächte der Erde werden verfügen, dass „die Kleinen und Großen, die Reichen und Armen, die Freien und Knechte" (Offenbarung 13,16) sich durch die Feier des falschen Sabbats nach den Gebräuchen der Kirche richten müssen. Alle, die sich weigern, diesen Gebräuchen nachzukommen, werden gesetzlich bestraft werden, und man wird schließlich erklären, dass sie des Todes schuldig sind. Auf der anderen Seite verlangt das Gesetz Gottes, das den Ruhetag des Herrn fordert, Gehorsam und bedroht alle Übertreter des Gesetzes mit Zorn. Offenbarung 14,9-10.

Wem auf diese Weise der Ausgang des Kampfes deutlich vor Augen geführt worden ist, wer Gottes Gesetz mit Füßen tritt, um einer menschlichen Verordnung zu gehorchen, der empfängt das Malzeichen des Tieres. Er nimmt das Zeichen der Untertanentreue gegenüber der Macht an, der er an Gottes statt gehorchen will. Die Warnung vom Himmel lautet: „Wenn jemand das Tier und sein Bild anbetet und das Malzeichen auf seine Stirn oder auf seine Hand annimmt, so wird auch er von dem Glutwein Gottes trinken, der unvermischt eingeschenkt ist in dem Kelch seines Zornes.“ Offenbarung 14,9.10.

Niemand aber wird der Zorn Gottes treffen, ehe nicht die Wahrheit vor der Tür seines Herzens und Gewissens Einlass begehrt hat und verworfen worden ist. Es gibt viele, die nie Gelegenheit hatten, die besonderen Wahrheiten für diese Zeit zu hören. Die Verbindlichkeit des vierten Gebots ist ihnen nie im wahren Licht gezeigt worden. Der in allen Herzen liest und jeden Beweggrund prüft, wird keinen, der die Wahrheit erkennen möchte, über den Ausgang des Kampfes im Unklaren lassen. Der Erlass soll dem Volk nicht blindlings aufgenötigt werden, sondern jeder wird genügend Licht empfangen, um seine Entscheidung einsichtsvoll treffen zu können. Der Sabbat wird der große Prüfstein der Treue sein, denn er ist der besonders umkämpfte Punkt der Wahrheit. Wenn sich die Menschen der letzten endgültigen Prüfung unterziehen, dann wird die Grenzlinie gezogen werden zwischen denen, die Gott dienen, und denen, die ihm nicht dienen. Während die Feier des falschen Sabbats in Übereinstimmung mit den Landesgesetzen, jedoch im Widerspruch zum vierten Gebot, ein offenes Treuebekenntnis gegenüber einer Macht ist, die Gott feindlich gegenübersteht, wird das Halten des wahren Sabbats im Gehorsam gegen Gottes Gesetz ein Beweis der Treue gegen den Schöpfer sein. Während eine Menschengruppe durch die Annahme des Zeichens der Unterwerfung unter irdische Mächte das Malzeichen des Tieres empfängt, nimmt die andere das Siegel Gottes an, indem sie das Zeichen der Treue gegen die göttliche Autorität erwählt.

Zuvor wurden Personen, die die Wahrheiten der dritten Engelsbotschaft verkündeten, oft nur als bloße Bangemacher bezeichnet. Ihre Vorhersagen, dass religiöse Intoleranz in den USA die Oberhand gewinnt, dass Kirche und Staat sich vereinen würden, um die zu verfolgen, die Gottes Gebote halten, sind als grundlos und absurd betrachtet worden, und man hat zuversichtlich erklärt, dass jenes Land nie anders werden könne, als es gewesen sei: der Verteidiger der religiösen Freiheit. Da aber die Frage der Erzwingung der Sonntagseinhaltung überall diskutiert wird, sieht man das so lange bezweifelte Ereignis näher kommen und die dritte Engelsbotschaft wird eine Wirkung erzielen, die vorher nicht möglich sein konnte.

In jeder Zeitepoche hat Gott seine Diener gesandt, um die Sünde zu bestrafen — nicht allein in der Welt, sondern auch in der Kirche. Das Volk aber will lieber sanfte Reden hören, denn die klare und deutliche Wahrheit ist nicht beliebt. Viele Reformatoren nahmen sich vor, zu Beginn ihres Wirkens sehr vorsichtig gegen die Sünden der Kirche und des Landes vorzugehen. Sie hofften durch das Beispiel eines reinen, christlichen Lebens das Volk zu den Lehren der Heiligen Schrift zurückzuführen. Aber der Geist Gottes kam über sie, wie er über Elia kam und ihn dazu veranlasste, die Sünden eines gottlosen Königs und abtrünnigen Volkes zu tadeln. Sie konnten sich nicht zurückhalten, die klaren Aussagen der Bibel zu predigen, selbst die Lehren, die sie zögernd vorbringen wollten. Sie mussten die Wahrheit und die Gefahr, die den Menschen drohte, eifrig verkündigen. Nicht auf die Folgen achtend, sprachen sie die Worte, die der Herr ihnen eingab. So war das Volk gezwungen, die Warnung anzuhören.

Auf die gleiche Weise wird auch die dritte Engelsbotschaft verkündet werden. Wenn die Zeit kommt, wo die Botschaft mit größter Kraft verbreitet werden soll, wird der Herr durch demütige Mitarbeiter wirken, indem er die Gemüter derer leitet, die sich ihm zum Dienst weihen. Die Mitarbeiter werden viel mehr durch die Salbung seines Geistes als durch die Ausbildung an wissenschaftlichen Anstalten befähigt werden. Menschen des Glaubens und Gebets werden sich verpflichtet fühlen, mit heiligem Eifer aufzutreten, um die Botschaft zu verkünden, die Gott ihnen anvertraut hat. Die Sünden Babylons werden deutlich werden: Die furchtbaren Folgen der Erzwingung der kirchlichen Gebräuche durch den Staat, die Ansprüche des Spiritismus, die heimliche aber rasante Zunahme der päpstlichen Macht — alles wird entlarvt werden. Durch diese ernsten Warnungen werden Menschen aufgerüttelt. Tausende, die noch nie so etwas gehört haben, hören diesen Warnungen zu. Verwundert vernehmen sie das Zeugnis, dass Babylon aufgrund seiner Irrtümer und Sünden als gefallene Kirche zu bezeichnen ist, weil sie die ihr vom Himmel gesandte Wahrheit verworfen hat. Wenden sich die Menschen dann mit der brennenden Frage an ihre früheren Lehrer, ob es sich wirklich so verhält, dann erzählen die Prediger Fabeln, prophezeien Beruhigendes, um die Besorgnis zu dämpfen und das erwachte Gewissen zu besänftigen. Weil sich jedoch viele weigern, sich mit reiner menschlicher Autorität zu begnügen und ein deutliches „So spricht der Herr" verlangen, erklären die volkstümlichen Prediger, wie einst die Pharisäer zornerfüllt, weil ihre Autorität in Frage gestellt wird: Die Botschaft sei von Satan. Und sie wiegeln die sündenliebende Menge auf, jene schlecht zu machen und zu verfolgen, die die Botschaft weitergeben.

Sobald der Kampf sich auf neue Gebiete ausdehnt und die Aufmerksamkeit des Volkes auf das mit Füßen getretene Gesetz Gottes gelenkt wird, wird Satan aufgeregt. Die Kraft, mit der die Botschaft begleitet wird, macht jene wütend, die ihr widerstehen. Die Geistlichen werden mit beinahe übermenschlichen Anstrengungen versuchen, das Licht zu verdecken, damit es nicht auf ihre Herde scheint. Sie werden sich mit allen ihnen zur Verfügung stehenden Mitteln bemühen, die Diskussion über diese wichtigen Fragen zu verhindern. Die Kirche wendet sich an die Staatsgewalt, die Papisten werden dringend gebeten, den

Protestanten zur Hilfe zu kommen. Wenn die Bewegung, die Sonntagsheiligung zu erzwingen, mutiger und entschiedener wird, werden die Gesetze gegen die verwendet werden, die Gottes Gebote halten. Man wird ihnen Geldstrafen und Gefängnis androhen. Einigen wird man einflussreiche Stellungen und anderen Belohnungen und Vorteile anbieten, damit sie ihrem Glauben absagen. Ihre standhafte Antwort aber lautet: Beweist uns unseren Irrtum aus dem Wort Gottes — dieselbe Bitte, die Luther unter ähnlichen Umständen ausgesprochen hatte. Vor Gericht geführt, werden sie die Wahrheit eindeutig rechtfertigen, und manche Zuhörer werden sich entschließen, alle Gebote Gottes zu halten. So werden Tausende das Licht sehen, die es sonst nie verstanden hätten. Gewissenhafter Gehorsam gegen Gottes Wort wird als Empörung angesehen werden.

Von Satan verblendet, werden die Eltern das gläubige Kind hart und streng behandeln, und Arbeitgeber werden ihre Angestellten unterdrücken, weil sie die Gebote halten. Die Liebe wird erkalten; Kinder werden enterbt und aus dem Haus getrieben. Die Worte des Paulus: „Alle, die gottselig leben wollen in Christus Jesus, müssen Verfolgung leiden" (2.Timotheus 3,12) werden tatsächlich in Erfüllung gehen. Da sich die Verteidiger der Wahrheit weigern, den Sonntag als Sabbat zu ehren, werden manche von ihnen ins Gefängnis geworfen, andere verbannt und etliche wie Sklaven behandelt werden. Dem menschlichen Verstand scheint dies alles jetzt unmöglich. Wenn aber der zügelnde Geist Gottes den Menschen entzogen wird und sie der Herrschaft Satans überlassen bleiben, der die göttlichen Verordnungen hasst, dann werden sich ungewöhnliche Dinge abspielen. Das Herz kann sehr grausam sein, sobald Gottesfurcht und Liebe verschwunden sind.

Wenn der Sturm naht, werden viele, die sich zur dritten Engelsbotschaft bekannt haben, aber nicht durch den Gehorsam gegen die Wahrheit geheiligt worden sind, ihren Standpunkt aufgeben und sich auf die Seite der Gegner schlagen. Indem sie sich mit der Welt vereinen und an ihrem Geist teilhaben, kommen sie dahin, die Dinge in nahezu dem gleichen Licht zu betrachten wie die Welt. Und wenn die Prüfung an sie herantritt, wählen sie die leichte, allseits beliebte Seite. Befähigte Menschen von ansprechendem Benehmen, die sich einst der Wahrheit erfreuten, setzen sich dafür ein, andere zu täuschen und irrezuleiten. So werden sie die bittersten Feinde ihrer ehemaligen Brüder. Wenn jene, die den Sabbat halten, vor Gericht gestellt werden, um sich ihres Glaubens zu verantworten, sind diese Abtrünnigen die wirksamsten Werkzeuge Satans, sie zu verleumden und anzuklagen und durch falsche Berichte und Einflüsterungen die Herrscher gegen sie aufzuhetzen.

In dieser Zeit der Verfolgung wird der Glaube der Diener des Herrn geprüft werden. Sie haben im Hinblick auf Gott und sein Wort die Warnung treu verkündet. Gottes Geist wirkte auf ihre Herzen und zwang sie zu reden. Von heiligem Eifer erfüllt und vom Geist Gottes mächtig gedrängt, fingen sie an, die ihnen aufgetragenen Aufgaben zu tun, ohne die Folgen zu bedenken, die ihnen durch die Verkündigung des ihnen von Gott eingegebenen Wortes entstehen könnten. Sie waren weder auf ihr irdisches Wohlergehen bedacht, noch waren sie darum bemüht, ihren guten Ruf oder ihr Leben zu bewahren. Dennoch werden manche, wenn der Sturm des Widerstandes und der Schmach über sie hereinbricht, von Bestürzung überwältigt, bereit sein auszurufen: Hätten wir die Folgen unserer Worte vorhergesehen, sie wären ungesagt geblieben. Sie sind ringsherum von Schwierigkeiten umgeben. Satan bestürmt sie mit grimmigen Versuchungen. Die Aufgabe, die sie in Angriff genommen haben, scheint ihre Fähigkeiten weit zu übersteigen, um sie vollenden zu können. Man droht ihnen, sie umzubringen. Die Begeisterung, die sie beseelte, ist dahin. Sie können nicht mehr den Weg zurückgehen. Dann flehen sie zu Gott um Kraft, weil sie sich ihrer äußersten Ohnmacht bewusst sind.

Sie erinnern sich, dass die Worte, die sie gesprochen haben, nicht ihre eigenen waren, sondern die Worte dessen, der ihnen befohlen hatte, die Warnung zu erteilen. Gott legte die Wahrheit in ihre Herzen, und sie konnten nicht anders, sie mussten sie verkündigen.

Die gleichen Prüfungen haben Männer Gottes in früheren Zeiten durchgemacht: Wiklif, Hus, Luther, Tyndale, Baxter, Wesley. Sie forderten, dass alle Lehren durch die Bibel geprüft werden sollten und erklärten, sich von allem lossagen zu wollen, was das Wort Gottes verdamme. Gegen diese Männer wütete die Verfolgung unerbittlich, und doch hörten sie nicht auf, die Wahrheit zu verkündigen. Verschiedene Abschnitte der Kirchengeschichte treten durch die Offenbarung einer besonderen Wahrheit hervor, die für das Volk Gottes in jener Zeit wichtig war. Jede neue Wahrheit hat sich ihren Weg durch Hass und Widerstand hindurch gebahnt. Wer diese Erkenntnis geschenkt bekam, wurde versucht und geprüft. Wenn nötig, gibt der Herr dem Volk eine spezielle Wahrheit. Wer wagt es, diese Verkündigung zu verhindern? Er gebietet seinen Dienern, der Welt die letzte Gnadenbotschaft vor Augen zu stellen. Sie können nicht schweigen, ohne ihre eigene Seele zu gefährden. Die Gesandten Christi haben keine Verantwortung für die Folgen. Sie müssen ihre Pflicht erfüllen und alles Weitere Gott überlassen.

Wird der Widerstand heftiger, so werden Gottes Diener erneut verwirrt, denn es scheint so, als hätten sie die Entscheidung herbeigeführt. Aber ihr Gewissen und das Wort Gottes geben ihnen Sicherheit, dass ihr Verhalten richtig war, und wenn die Prüfung anhält, werden sie gestärkt, sie zu ertragen. Der Kampf wird entschlossener und heftiger, aber ihr Glaube und Mut nehmen mit der schwierigen Lage zu. Ihr Zeugnis lautet: Wir wagen es nicht, in Gottes Wort Änderungen vorzunehmen, indem wir sein heiliges Gesetz zertrennen und den einen Teil wichtig und den anderen unwichtig nennen, nur um den Beifall der Welt zu bekommen. Der Herr, dem wir dienen, ist imstande, uns zu befreien. Christus hat die Mächte der Erde überwunden; sollten wir uns fürchten vor einer bereits besiegten Welt?

Die Verfolgung in ihren verschiedenen Formen ist die Entwicklung eines Grundsatzes, der so lange bestehen wird, wie Satan existiert und das Christentum lebendige Macht hat. Kein Mensch kann Gott dienen, ohne den Widerstand der Scharen der Finsternis zu erregen. Die bösen Engel, die beunruhigt sind, dass sein Einfluss ihnen die Beute entreißen könnte, werden ihn bestürmen. Und böse Menschen, die sich durch sein Beispiel gestraft fühlen, werden sich mit jenen Engeln vereinen, ihn durch Verlockungen von Gott zu trennen. Bleiben diese erfolglos, wird Gewalt angewandt, um das Gewissen zu zwingen.

Doch solange Jesus im himmlischen Heiligtum der Vermittler des Menschen bleibt, werden Herrscher und Volk den lenkenden Einfluss des Heiligen Geistes spüren. Noch immer beherrscht er in einem gewissen Grad die Gesetze des Landes. Wären diese Gesetze nicht da, der Zustand der Welt würde viel schlimmer sein, als er jetzt ist. Während viele der hohen Beamten wirksame Helfer Satans sind, hat Gott seine Mitarbeiter auch unter den führenden Menschen des Volkes. Der Feind wirkt auf seine Knechte ein, Maßnahmen vorzuschlagen, die das Werk Gottes massiv hindern würden, aber Regierende, die den Herrn fürchten, werden von heiligen Engeln beeinflusst, sich solchen Vorschlägen mit unwiderlegbaren Beweisen zu widersetzen. Auf diese Weise werden Wenige einen gewaltigen Strom des Übels aufhalten. Der Widerstand der Feinde der Wahrheit wird zurückgedrängt werden, damit die dritte Engelsbotschaft ihre Aufgabe erfüllen kann. Wird dann die letzte Warnung verkündet, so ist die Aufmerksamkeit dieser führenden Menschen, durch die der Herr nun wirkt, gefesselt, und manche von ihnen werden sie annehmen und sich während der Zeit der Trübsal dem Volk Gottes anschließen.

Der Engel, der sich mit der Botschaft des dritten Engels vereint, soll die ganze Erde mit seiner Herrlichkeit erleuchten. Hier wird eine Aufgabe von weltumspannender Ausdehnung und ungewöhnlicher Kraft vorhergesagt. Die Adventbewegung von 1840-1844 war eine herrliche Offenbarung der Macht Gottes. Die erste Engelsbotschaft wurde zu jeder Missionsstation in der Welt getragen, und in einigen Ländern herrschte die größte religiöse Bewegung, die seit der Reformation des 16. Jahrhunderts in irgendeinem Land gesehen wurde. Aber noch viel größer wird die mächtige Bewegung sein, die durch die letzte Warnung des dritten Engels entstehen wird.

Diese Bewegung wird der des Pfingsttages ähnlich sein. Wie der „Frühregen“ in der Ausgießung des Heiligen Geistes am Anfang der Apostelzeit fiel, um das Aufsprießen des wertvollen Samens zu bewirken, so wird der „Spätregen“ am Ende der Tage ausgegossen werden, damit die Ernte reifen kann. Dann werden wir darauf achten und bemüht sein, dass wir den Herrn erkennen. „Denn er wird hervorbrechen wie die schöne Morgenröte und wird zu uns kommen wie ein Regen, wie ein Spätregen, der das Land feuchtet.“ Hosea 6,3. „Und ihr, Kinder Zions, freuet euch und seid fröhlich im Herrn, eurem Gott, der euch Lehrer zur Gerechtigkeit gibt und euch herabsendet Frühregen und Spätregen.“ Joel 2,23. „Und es soll geschehen in den letzten Tagen, spricht Gott, ich will ausgießen von meinem Geist auf alles Fleisch; und eure Söhne und eure Töchter sollen weissagen ... Und soll geschehen, wer den Namen des Herrn anrufen wird, soll selig werden.“ Apostelgeschichte 2,17.21. Das große Werk des Evangeliums wird mit keiner geringeren Offenbarung der Macht Gottes schließen als derjenigen, die seinen Anfang kennzeichnete. Die Weissagungen, die in der Ausgießung des Frühregens am Anfang der frühchristlichen Zeit ihre Erfüllung fanden, werden sich am Ende der christlichen Geschichte im Spätregen erfüllen. Es ist die Zeit der Erquickung, der auch der Apostel Petrus entgegensah, als er sagte: „So tut nun Buße und bekehrt euch, dass eure Sünden ausgetilgt werden, damit Zeiten der Erquickung vom Angesicht des Herrn kommen und er den sende, der euch zuvor verkündet wurde, Jesus Christus." Apostelgeschichte 3,19.20

Diener Gottes mit leuchtendem und vor heiligem Eifer strahlendem Angesicht werden von Ort zu Ort eilen, um die Botschaft vom Himmel zu verkündigen. Tausende werden die Warnung über die ganze Erde verbreiten. Erstaunliche Taten werden gewirkt, Kranke geheilt werden, Zeichen und Wunder werden den Gläubigen folgen. Auch Satan wird lügenhafte Wunder wirken und sogar Feuer vom Himmel fallen lassen vor den Menschen. Offenbarung 13,13. So werden die Bewohner der Erde gezwungen, sich zu entscheiden.

Die Botschaft wird vielmehr durch die tiefe Überzeugung durch den Geist Gottes getragen als durch Beweisführung, wie es auch beim Mitternachtsruf gewesen war. Die Beweise sind vorgetragen worden. Der Same ist ausgestreut und wird nun aufsprießen und Frucht bringen. Die durch Missionsarbeiter verbreiteten Druckschriften haben ihren Einfluss ausgeübt, doch sind viele, deren Gemüter ergriffen waren, verhindert worden, die Wahrheit völlig zu verstehen oder ihr zu gehorchen. Nun dringen die Lichtstrahlen überall durch, die Wahrheit wird in ihrer Klarheit gesehen, und die aufrichtigen Kinder Gottes zerschneiden die Bande, die sie gehalten haben. Familienverhältnisse und kirchliche Beziehungen sind jetzt machtlos, sie zurückzuhalten. Die Wahrheit ist wertvoller als alles andere. Ungeachtet der gegen die Wahrheit verbündeten Kräfte stellt sich eine große Schar auf die Seite des Herrn.

Die Trübsalszeit

„Zur selben Zeit wird der große Fürst Michael [Jesus], der für die Kinder deines Volks steht, sich aufmachen. Denn es wird eine solche trübselige Zeit sein, wie sie nicht gewesen ist, seitdem Leute gewesen sind bis auf diese Zeit. Zur selben Zeit wird dein Volk errettet werden, alle, die im Buch geschrieben stehen." (Daniel 12,1).

Sobald die dritte Engelsbotschaft verhallt ist, spricht die Barmherzigkeit nicht mehr für die sündigen Bewohner der Erde. Gottes Volk hat seine Aufgabe erfüllt. Es hat den „Spätregen", „die Erquickung von dem Angesicht des Herrn", empfangen (Apostelgeschichte 3,20) und ist auf die bevorstehende schwere Stunde vorbereitet. Engel eilen im Himmel hin und her. Einer, der von der Erde zurückkehrt, teilt mit, dass er seine Aufgabe erfüllt hat. Die Welt ist der letzten Prüfung unterzogen worden, und alle, die sich als treu erwiesen haben gegenüber den göttlichen Grundsätzen, haben „das Siegel des lebendigen Gottes" empfangen. Dann beendet Jesus seinen Mittlerdienst im himmlischen Heiligtum. Er hebt seine Hände und spricht mit lauter Stimme: „Es ist vollbracht!" Alle Engel legen ihre Kronen nieder, wenn er feierlich verkündet: „Wer böse ist, der sei fernerhin böse, und wer unrein ist, der sei fernerhin unrein; aber wer fromm ist, der sei fernerhin fromm, und wer heilig ist, der sei fernerhin heilig." (Offenbarung 22,11). Jeder Fall ist abgeschlossen. Das Urteil über Leben und Tod ist gefällt. Jesus hat sein Volk versöhnt und ihre Sünden ausgetilgt. Die Anzahl seiner Untertanen ist vollständig. „Das Reich und die Herrschaft und die Größe … unter dem ganzen Himmel" (Daniel 7,27, Elberfelder) soll den Erben des Heils gegeben werden, und Jesus wird als König der Könige und Herr der Herren regieren.

Wenn er das Heiligtum verlässt, liegt Finsternis über den Bewohnern der Erde. In jener schrecklichen Zeit müssen die Gerechten ohne Vermittler vor einem heiligen Gott leben. Die Schranken, die bis dahin die Gottlosen zurückhielten, sind beseitigt, und Satan hat nun die völlige Kontrolle über die endgültig Unbußfertigen. Gottes Langmut ist zu Ende. Die Welt hat seine Gnade verworfen, seine Liebe verachtet und sein Gesetz mit Füßen getreten. Die Gottlosen haben die Grenze ihrer Gnadenzeit überschritten. Der Geist Gottes, dem sie hartnäckig widerstanden, wurde schließlich zurückgezogen. Von der göttlichen Gnade nicht mehr beschirmt, sind sie schutzlos dem Bösen ausgeliefert. Satan wird dann die Bewohner der Erde in eine letzte große Trübsal stürzen. Wenn die Engel Gottes aufhören, die grimmigen Stürme menschlicher Leidenschaften im Zaum zu halten, werden alle Mächte des Streites entfesselt sein. Die ganze Welt wird in ein Verderben hineingezogen werden, das schrecklicher ist als jenes, das einst über das alte Jerusalem hereinbrach.

Ein einziger Engel vernichtete alle Erstgeborenen der Ägypter und erfüllte das Land mit Wehklagen. Als David durch die Volkszählung gegen Gott sündigte, verursachte ein Engel die schreckliche Zerstörung, durch die sich Davids Sünde rächte. Dieselbe zerstörerische Macht, die heilige Engel walten lassen, wenn Gott dies anordnet, lassen bösen Engel walten, wenn er es zulässt. Es stehen jetzt Streitkräfte bereit, die nur so auf Gottes Genehmigung warten, um überall Verwüstung anzurichten.

Die Gottes Gesetz beachteten, werden beschuldigt, Strafgerichte über die Welt zu bringen. Man wird sie für die fürchterlichen Naturkatastrophen, die Konflikte und das Blutvergießen unter den Menschen verantwortlich machen, die die Erde mit Leid erfüllen. Die Kraft, mit der die letzte Warnungsbotschaft verkündigt wurde, erzürnt die Frevler. Ihr Zorn richtet sich gegen alle, die die Botschaft annehmen. Satan facht den Geist des Hasses und der Verfolgung nur noch zusätzlich an.

Als Gott sich endgültig von der jüdischen Nation zurückgezogen hatte, war es weder den Priestern noch dem Volk bewusst. Obwohl sie sich unter Satans Kontrolle befanden und von den schrecklichsten und bösartigsten Leidenschaften geleitet wurden, betrachteten sie sich selbst noch immer als die Auserwählten Gottes. Den Dienst im Tempel setzten sie fort, mit ihren Opfern verunreinigten sie seine Altäre. Und täglich erflehten sie den göttlichen Segen für Menschen, die an dem Blut des teuren Sohnes Gottes schuldig geworden waren und versucht hatten, seine Diener und Apostel umzubringen. So werden auch die Bewohner der Erde nicht wissen, wann die unwiderrufliche Entscheidung im Heiligtum ausgesprochen und das Schicksal der Welt auf ewig bestimmt ist. Menschen, von denen sich Gottes Geist endgültig zurückgezogen hat, werden weiterhin die religiösen Formen beachten; und der satanische Eifer, mit dem der Fürst des Bösen sie zur Ausführung seiner boshaften Pläne begeistert, wird wie göttlicher Eifer erscheinen.

Der Sabbat wird in der ganzen Christenheit besonders umkämpft sein. Staat und Kirche werden sich zusammentun, um der Beachtung des Sonntags Geltung zu verschaffen. Wenn sich da eine kleine Minderheit hartnäckig weigert, der populistischen Forderung nachzukommen, wird sie dadurch zur Zielscheibe allgemeiner Verwünschung. Man wird darauf drängen, dass man die wenigen, die sich einer kirchlichen Einrichtung und einem staatlichen Gesetz widersetzen, nicht dulden sollte. Es sei besser, diese leiden zu lassen, als dass ganze Nationen in Verwirrung und Gesetzlosigkeit versänken. Dasselbe Argument brachten vor 2.000 Jahren die Obersten des Volkes gegen den Messias vor. Der verschlagene Kaiphas sagte: „Es ist uns besser, dass *ein* Mensch für das Volk stirbt, als dass das ganze Volk zugrunde geht.“ (Johannes 11,50).

Dieses Argument wird den Ausschlag geben. Gegen alle, die den Sabbat des vierten Gebots heiligen, wird ein Erlass ergehen, nach dem sie die härteste Strafe verdienen und jeder die Freiheit hat, sie nach einer gewissen Zeit umzubringen. Der Katholizismus in der Alten Welt und der abgefallene Protestantismus in der Neuen werden ähnlich gegen die vorgehen, die alle Gebote Gottes befolgen.

Dann wird Gottes Volk von jenen Ereignissen der Trübsal und des Jammers eingeholt werden, die vom Propheten Jeremia als die Zeit der Jakobsangst beschrieben werden: „So spricht der Herr: Wir hören ein Geschrei des Schreckens; nur Furcht ist da und kein Friede … Wie geht es denn zu, dass … alle Angesichter so bleich sind? Es ist ja ein gewaltiger Tag, und seinesgleichen ist nicht gewesen, und ist eine Zeit der Angst für Jakob; doch soll ihm daraus geholfen werden.“ (Jeremia 30,5-7).

Jakobs Angstnacht, als er im Gebet darum rang, aus der Hand Esaus befreit zu werden (1. Mose 32,25-31), stellt die Erfahrung des Volkes Gottes in der Trübsalszeit dar. Weil Jakob sich durch eine Täuschung den väterlichen Segen erschlichen hatte, der eigentlich für Esau bestimmt war, hatte er, erschreckt durch die Morddrohung seines Bruders, fliehen müssen, um sein Leben zu retten. Nachdem er viele Jahre in der freiwilligen Verbannung gelebt hatte, machte er sich auf Gottes Geheiß hin mit seinen Frauen, Kindern und Herden auf den Heimweg. Als er die Landesgrenze erreichte, wurde er durch die Nachricht erschreckt: Esau rücke an der Spitze einer Horde Krieger heran – ohne Zweifel, um sich zu rächen. Es schien, als würde Jakobs unbewaffnete und wehrlose Schar Opfer eines Massakers werden. Zu der lähmenden Angst kam noch die erdrückende Last der Selbstanklage; denn es war seine eigene Sünde gewesen, die diese Gefahr herbeigeführt hatte. Seine einzige Hoffnung war Gottes Erbarmen; seine einzige Verteidigung konnte nur das Gebet sein. Doch ließ er seinerseits nichts unversucht, um das dem Bruder zugefügte Unrecht wiedergutzumachen und die drohende Gefahr abzuwenden. So sollten sich Jesu Nachfolger beim Herannahen der Trübsalszeit bemühen, dass sie von den Menschen im richtigen Licht gesehen werden können. Sie sollten Vorurteile abbauen und die Gefahr abwenden, die der Gewissensfreiheit droht.

Nachdem Jakob seine Familie weggeschickt hat, damit sie ihm seine Bestürzung nicht anmerkt, bleibt er allein und fleht für sie zu Gott. Er bekennt seine Sünde und dankt Gott für sein Erbarmen mit ihm. In tiefer Demut beruft er sich auf Gottes Bund mit seinen Vätern und die Verheißungen aus seinem Nachtgesicht in Bethel und dem Land der Verbannung. Der Wendepunkt in seinem Leben ist gekommen; alles steht auf dem Spiel. In der Dunkelheit und Einsamkeit betet er weiter und demütigt sich vor Gott. Plötzlich legt sich eine Hand auf seine Schulter. In der Meinung, ein Feind trachte ihm nach dem Leben, ringt er verzweifelt mit dem Angreifer. Während der Tag zu dämmern beginnt, beweist der Fremde übermenschliche Kraft. Als der Fremde ihn berührt, ist der starke Mann wie gelähmt, und fällt seinem geheimnisvollen Gegner hilflos, weinend und flehend um den Hals. Jakob weiß jetzt, dass er mit dem Engel des Bundes gerungen hat. Kampfunfähig und trotz heftigster Schmerzen lässt er nicht los. Zu lange hat seine Sünde ihm Gewissensbisse und Probleme verursacht. Jetzt braucht er die Zusicherung, dass ihm verziehen ist. Der göttliche Besucher scheint ihn verlassen zu wollen, aber Jakob löst die Umklammerung nicht, sondern fleht um seinen Segen. Der Engel drängt: „Lass mich gehen; denn die Morgenröte bricht an." Aber der Patriarch ruft aus: „Ich lasse dich nicht, du segnest mich denn." Welches Vertrauen, welche Entschiedenheit, welche Ausdauer! Wäre dies eine auftrumpfende, anmaßende Forderung gewesen, wäre Jakob sofort vernichtet worden. Aber er sprach mit einer Zuversicht, die nur der besitzt, der seine Schwachheit und Unwürdigkeit kennt und dennoch auf das Erbarmen eines wahrhaftigen Gottes vertraut.

„Er kämpfte mit dem Engel und siegte." (Hosea 12,5). Indem er sich erniedrigte, bereute und sich ergab, überzeugte dieser sündhafte, irrende Sterbliche die Majestät des Himmels. Zitternd hatte er sich an Gottes Verheißungen geklammert, und das Herz der unendlichen Liebe konnte die Bitte des Sünders nicht abweisen. Als Beweis für seinen Sieg und um andere zu ermutigen, seinem Beispiel zu folgen, wurde sein Name geändert. Er sollte nicht länger an seine Sünde erinnern, sondern an seinen Sieg. Dass Jakob sich bei Gott behauptet hatte, garantierte ihm, dass er sich auch bei den Menschen behaupten würde. Er fürchtete den Zorn seines Bruders nicht länger, denn der Herr war sein Schutz. Satan hatte Jakob vor den Engeln Gottes verklagt und das Recht eingefordert, ihn wegen seiner Sünde vernichten zu dürfen. Er hatte Esau motiviert, gegen Jakob zu ziehen, und während dieser die ganze Nacht hindurch rang, bemühte sich Satan, ihm seine Schuld eindrücklich vor Augen zu führen, ihn zu entmutigen und seinen Halt in Gott zu brechen. Beinahe hätte das Jakob zur Verzweiflung getrieben, aber er wusste, dass er ohne Hilfe von oben dem Untergang geweiht war. Er hatte seine große Sünde aufrichtig bereut. Deshalb berief er sich jetzt auf Gottes Erbarmen. Er wollte sich von seinem Ziel nicht abbringen lassen, sondern hielt den Engel fest und brachte seine Bitte ernst und flehend vor, bis er ihn überzeugt hatte.

Wie Satan Esau motivierte, gegen Jakob zu ziehen, so wird er in der Trübsalszseit die Bösen anstacheln, Gottes Kinder zu vernichten. Wie er Jakob anklagte, so wird er seine Anklagen auch gegen Gottes Volk vorbringen. Er zählt die Welt zu seinem Herrschaftsgebiet, aber die kleine Schar, die die Gebote Gottes hält, widersetzt sich seiner Oberherrschaft. Könnte er sie von der Erde vertilgen, so würde sein Sieg vollkommen sein. Er sieht, dass heilige Engel sie bewahren und geht davon aus, dass ihre Sünden verziehen worden sind, aber er weiß nicht, dass in ihren Fällen im himmlischen Heiligtum schon das Urteil gesprochen wurde. Er kennt genau die Sünden, zu denen er sie verführt hat, und stellt diese Gott im grellsten Licht dar und behauptet, diese Menschen verdienten es ebenso sehr, von Gottes Gunst ausgeschlossen zu werden, wie er selbst. Er erklärt, der Herr dürfe von Rechts wegen ihre Sünden nicht vergeben, wenn er ihn und seine Engel vernichten würde. Der Gegner Gottes beansprucht sie als seine Beute und verlangt ihre Auslieferung, um sie zu vernichten.

Während Satan Gottes Kinder wegen ihrer Sünden verklagt, gestattet ihm der Herr, sie bis aufs Äußerste zu testen. Ihr Gottvertrauen, ihr Glaube und ihre Entschiedenheit werden schwer geprüft. Wenn sie an ihre Vergangenheit denken, sinkt ihre Hoffnung, denn in ihrem ganzen Leben können sie nur wenig Gutes entdecken. Sie sind sich ihrer Schwachheit und Unwürdigkeit völlig bewusst. Satan versucht ihnen mit dem Gedanken Angst zu machen, sie seien ein hoffnungsloser Fall und der Makel ihrer Verunreinigung könne nie ausgewaschen werden. Er hofft damit ihren Glauben so zunichte zu machen, dass sie seinen Versuchungen nachgeben und Gott untreu werden.

Obwohl sie von Feinden umgeben sind, die es auf ihren Untergang abgesehen haben, ist die Angst der Kinder Gottes keine Angst vor Verfolgung um der Wahrheit willen. Sie fürchten sich vielmehr, nicht jede Sünde bereut zu haben oder durch eine Charakterschwäche zu verhindern, dass Jesu Worte sich erfüllen, in denen er verheißt, sie zu „bewahren vor der Stunde der Versuchung, die kommen wird über den ganzen Weltkreis" (Offenbarung 3,10). Hätten sie die Gewissheit, dass ihre Sünden vergeben wären, so würden sie vor Folter und Tod nicht zurückschrecken. Sollten sie sich aber unwürdig erweisen und wegen ihrer Charakterfehler ihr Leben verlieren, dann würde Gottes heiliger Name geschmäht werden.

Von allen Seiten hören sie von Verratsplänen. Überall sehen sie die Rebellion am Werk. In ihnen kommt das starke Verlangen auf, die tiefe Sehnsucht, dass dieser große Abfall enden und die Bosheit der Gottlosen zum Abschluss kommen möge. Während sie Gott bitten, der Rebellion Einhalt zu gebieten, machen sie sich selbst Vorwürfe, dass sie keine Kraft haben, der mächtigen Flut des Übels zu widerstehen und sie einzudämmen. Sie glauben, dass Satans Heere weniger Macht hätten, sie zu überwältigen, wenn sie alle ihre Fähigkeit in Jesu Dienst eingesetzt hätten und kraftvoll vorangeschritten wären.

Sie demütigen sich selbst vor Gott und erinnern ihn daran, dass sie ihre vielen Sünden bereut haben. Sie berufen sich auf das Versprechen des Heilandes: „Er ... wird mir Frieden schaffen; Frieden wird er mir dennoch schaffen." (Jesaja 27,5). Ihr Glaube wankt nicht, wenn ihre Gebete nicht sofort erhört werden. Obwohl sie äußerste Angst und Not leiden, hören sie doch nicht auf, zu Gott zu flehen. Sie ergreifen die Kraft Gottes, wie Jakob sich an den Engel des Bundes klammerte, und sprechen: „Ich lasse dich nicht, du segnest mich denn!"

Hätte Jakob nicht seine Sünde bereut gehabt – sein Erschleichen der Erstgeburt durch Betrug –, so hätte Gott sein Gebet nicht erhört und sein Leben nicht gnädig bewahrt. Ebenso würde es auch Gottes Kinder erdrücken, wenn sich ihnen in der Trübsalszeit noch Sünden präsentierten, die sie noch nicht bekannt haben. Denn sie werden ja ohnehin schon von Angst und Schrecken gequält. Verzweiflung würde ihren Glauben ersticken, und sie würden allen Mut verlieren, Gott um Errettung zu bitten. Aber während sie sich ihrer Unwürdigkeit zutiefst bewusst sind, haben sie keine Fehler zu verbergen. Ihre Sünden sind schon vorab gerichtet und ausgetilgt worden, sie können sich nicht mehr an sie erinnern.

Satan verleitet viele zu glauben, dass Gott ihre Untreue in Kleinigkeiten übersehe. Aber der Herr zeigt in seinem Umgang mit Jakob, dass er das Böse ganz und gar nicht gutheißt oder toleriert. Alle, die ihre Sünden zu entschuldigen oder zu verbergen suchen und zulassen, dass sie uneingestanden und unvergeben in den Büchern des Himmels stehen bleiben, werden von Satan überwunden werden. Je größer ihr frommer Anschein und je ehrbarer ihre Stellung, desto schlimmer ist ihr Verhalten in Gottes Augen und desto sicherer der Sieg ihres Gegners. Wer die Vorbereitung für den Tag Gottes aufschiebt, kann sie in der Trübsalszeit oder später nicht nachholen. Dann wäre sein Fall hoffnungslos. Die erklärten Christen, die unvorbereitet in den letzten, schrecklichen Kampf gehen, werden ihre Sünden in ihrer Angst mit zitternden Lippen bekennen, während die Frevler über ihre Verzweiflung lachen. Ihre Bekenntnisse gleichen denen von Esau oder Judas. Sie beklagen die Folgen der Übertretung, nicht aber ihre Schuld. Sie fühlen keine wahre Reue, keinen Abscheu vor dem Bösen. Sie gestehen ihre Sünde aus Furcht vor den Folgen ein, doch wie einst Pharao würden sie dem Himmel erneut trotzen, sollte das Urteil zurückgezogen werden.

Die Geschichte Jakobs enthält auch die Zusicherung, dass Gott die Betrogenen, Versuchten und Verführten nicht verwerfen wird, wenn sie sich in aufrichtiger Reue zu ihm bekehren. Während Satan diese Menschen zu vernichten sucht, wird Gott seine Engel senden, um sie in der Zeit der Gefahr zu trösten und zu beschützen. Die Angriffe Satans sind heftig und entschlossen, seine Täuschungen bedrohlich; aber Gott der Herr wacht über seine Kinder, und seine Ohren hören auf ihr Rufen. Ihre Not ist groß, die Flammen des Feuerofens scheinen sie zu versengen. Doch sie werden hervorgehen aus der Hand dessen, der sie läutert wie im Feuer gereinigtes Gold. Gottes Liebe zu seinen Kindern ist in der Trübsalszeit ihrer schwersten Prüfungen ebenso stark und gütig wie in den Tagen ihres besten Wohlergehens. Aber sie brauchen die Erfahrung des Feuerofens. Das

Irdische an ihnen muss verzehrt werden, damit sich Jesu Bild vollkommen in ihnen spiegeln kann.

Die uns bevorstehende Zeit der Trübsal und Seelenangst wird einen Glauben erfordern, der Müdigkeit, Verzögerung und Hunger ertragen kann, einen Glauben, der nicht wankt, wird er auch noch so schwer geprüft. Die Gnadenzeit wird allen gewährt, damit sie sich auf jene Zeit vorbereiten können. Jakob siegte, weil er ausdauernd und entschlossen war. Sein Sieg ist ein Beweis für die Kraft anhaltenden Gebets. Alle, die sich wie er auf Gottes Verheißungen stützen und ebenso ernst und standhaft sind, wie er es war, werden wie er Erfolg haben. Wer aber sich selbst nicht verleugnen, vor Gott keine Reue zeigen und nicht ausdauernd und ernst beten will, wird keinen Segen erhalten. Mit Gott ringen – wie wenige wissen, was das ist! Wie wenige Menschen haben mit starkem Verlangen vor Gott ausgeharrt bis zur äußersten Anspannung! Wie wenige halten in unerschütterlichem Glauben an Gottes Verheißungen fest, wenn unsägliche Wogen der Verzweiflung über den Bittsteller hereinbrechen!

Die jetzt nur wenig Glauben üben, laufen am meisten Gefahr, in den Bann satanischer Täuschungen zu geraten und sich dem Gesetz zu beugen, das gegen ihr Gewissen geht. Und selbst wenn sie die Prüfung überstehen, werden sie in der Trübsalszeit in noch größere Verzweiflung und Angst geraten, weil Gottvertrauen ihnen nicht zur Gewohnheit geworden ist. Das Vertrauen, das sie sich schon längst hätten aneignen können, werden sie nun unter dem schrecklichen Druck der Entmutigung lernen müssen.

Machen wir uns daher jetzt schon mit Gottes Wesen vertraut, indem wir seine Verheißungen erproben. Engel nehmen jedes Gebet auf, das ernst und aufrichtig ist. Geben wir lieber selbstsüchtige Befriedigungen auf, als die Gemeinschaft mit Gott zu vernachlässigen. Tiefste Armut und größte Selbstverleugnung sind – wenn Gott sie zulässt – besser als Reichtümer, Ehrungen,

Bequemlichkeit und Freundschaft, wenn er sie verhindert. Wir brauchen Zeit zum Gebet. Wenn wir uns aber von weltlichen Angelegenheiten zu sehr in Anspruch nehmen lassen, verschafft uns vielleicht Gott dazu die Zeit, indem er uns unsere Geld-, Häuser- oder Ländereigötzen wegnimmt.

Junge Leute würden nicht zur Sünde verführt, wenn sie keinen einzigen Weg einschlügen, auf dem sie Gottes Segen nicht erbitten können. Würden die Boten, die der Welt die letzte, ernste Warnung bringen, um Gottes Segen bitten – und das nicht kalt, gleichgültig, nachlässig, sondern inbrünstig und im Glauben wie einst Jakob –, so hätten sie oft Gelegenheit zu sagen: „Ich habe Gott von Angesicht gesehen, und meine Seele ist genesen." (1. Mose 32,31). Sie würden im Himmel als Fürsten gelten, da sie Macht haben, über Gott und Menschen zu siegen.

Eine Trübsalszeit, wie sie nie zuvor gewesen ist, wird bald über uns hereinbrechen. Dann werden wir eine Erfahrung benötigen, die wir jetzt nicht besitzen und die zu erstreben viele zu träge sind. Es geschieht oft, dass die Trübsal in der Vorstellung viel größer erscheint, als sie in Wirklichkeit ist. Dies ist aber nicht der Fall bei den uns bevorstehenden entscheidenden Prüfungen. Die lebhafteste Vorstellung kann die Größe der Feuerprobe nicht ermessen. In jener Zeit der Prüfung steht jeder für sich vor Gott. Wenn auch Noah, Daniel und Hiob im Lande wären, „so wahr ich lebe, spricht Gott, der Herr, sie könnten weder Sohn noch Tochter retten, sondern sie würden durch ihre Gerechtigkeit nur ihre eigene Seele retten." (Hesekiel 14,20).

Jetzt, während unser großer Hohepriester die Versöhnung für uns vollbringt, sollten wir danach streben, in Jesus vollendet zu werden. Nicht einmal durch einen Gedanken konnte unser Retter dazu gebracht werden, der Versuchung nachzugeben. Satan findet in menschlichen Herzen diesen oder jenen Punkt, an dem er ansetzen kann. So manche sündhafte Neigung wird gepflegt, durch die seine Versuchungen ihre Macht ausüben. Jesus aber erklärte von sich: „Es kommt der Fürst dieser Welt, und hat keine Macht über mich." (Johannes 14,30). Satan konnte nichts im Herzen des Gottessohnes finden, das ihm zum Sieg verholfen hätte. Jesus hatte die Gebote seines Vaters gehalten. Es war keine Sünde in ihm, die Satan zu seinem Vorteil hätte nutzen können. Dies ist die Verfassung, die jene brauchen, die in der Trübsalszeit bestehen wollen.

Hier und jetzt gilt es, sich durch das Vertrauen auf Jesu versöhnendes Blut von der Sünde zu trennen. Unser mächtiger Retter lädt uns ein, uns ihm anzuschließen, unsere Schwäche mit seiner Kraft, unsere Unwissenheit mit seiner Weisheit, unsere Unwürdigkeit mit seinem Verdienst zu verbinden. Gottes Führung ist die Schule, in der wir Jesu Sanftmut und Demut lernen dürfen. Der Herr hält uns immer das wahre Lebensziel vor Augen, nicht das, was wir gerne hätten, was uns leichter und angenehmer erscheint. Es bleibt uns überlassen, mit den Faktoren zusammenzuarbeiten, die der Himmel einsetzt, um unsere Charaktere nach dem göttlichen Vorbild zu gestalten. Niemand kann diese Aufgabe vernachlässigen oder aufschieben, ohne sein Seelenheil ernsthaft zu gefährden.

Der Apostel Johannes hörte in einem Gesicht eine laute Stimme im Himmel, die ausrief: „Weh denen, die auf Erden wohnen und auf dem Meer! denn der Teufel kommt zu euch hinab und hat einen großen Zorn und weiß, dass er wenig Zeit hat." (Offenbarung 12,12). Schrecklich sind die Ereignisse, die diesen himmlischen Ausruf auslösen. Je kürzer Satans Zeit wird, umso zorniger wird er. Seine Täuschungen und Zerstörungen erreichen in der Trübsalszeit ihren Höhepunkt.

Bedrohliche, übernatürliche Erscheinungen werden bald am Himmel zu sehen sein. Sie sind Zeichen der Macht Wunder wirkender Dämonen. Die Geister der Teufel werden zu den Königen der Erde und zur ganzen Welt gehen, um sie zu täuschen und zu veranlassen, sich mit Satan in seinem letzten Kriegszug gegen die Regierung des Himmels zusammenzutun. Durch diese Kräfte werden Regierende und Bürger in gleicher Weise hinters Licht geführt. Menschen werden aufstehen, die sich als Messias ausgeben und den Titel und die Verehrung beanspruchen, die dem Erlöser der Welt gebührt. Sie werden erstaunliche Heilungen vollbringen und behaupten, Offenbarungen vom Himmel zu empfangen, die jedoch den Aussagen der Heiligen Schrift widersprechen.

Als krönende Tat in dem großen Täuschungsdrama wird Satan sich als Messias ausgeben. Die Kirche hat lange Zeit erklärt, sie warte auf die Ankunft des Retters als Ziel ihrer Hoffnung. Nun wird der große Betrüger den Anschein erwecken, dass der Messias gekommen sei. In verschiedenen Teilen der Erde wird sich Satan unter den Menschen als ein majestätisches Wesen von blendendem Glanz offenbaren, das der Erscheinung des Gottessohns gleicht, die Johannes in der Offenbarung beschreibt (Offenbarung 1,13-15). Die Herrlichkeit, die ihn umgibt, ist unübertroffen von allem, was sterbliche Augen je gesehen haben. Der Jubelruf erschallt: „Jesus ist gekommen! Jesus ist gekommen!" Die Menschen werfen sich huldigend vor ihm nieder, während er seine Hände hebt und sie segnet, wie Jesus seine Jünger segnete, als er auf Erden lebte. Seine Stimme ist weich und gedämpft, doch voller Wohlklang. In mildem, einfühlsamem Ton präsentiert er einige der gleichen gnadenvollen, himmlischen Wahrheiten, die der Retter einst aussprach. Er heilt die Gebrechen des Volkes, behauptet dann in seiner Rolle als angeblicher Messias, dass er den Sabbat in den Sonntag verändert habe, und gebietet allen, den Tag, auf dem sein Segen ruhe, zu heiligen. Er erklärt, dass alle, die weiter den siebten Tag halten, seinen Namen lästern, da sie sich weigern, auf seine Engel zu hören, die er mit Licht und Wahrheit zu ihnen sandte. Das ist die starke, beinahe überwältigende Täuschung. Gleich den Samaritern, die von Simon

Magus hintergangen wurden, achtet die Menge, vom Geringsten bis zum Vornehmsten, auf die Zaubereien und sagt: „Dieser ist die große Kraft Gottes.“ (Apostelgeschichte 8,10).

Aber Gottes Volk wird nicht irregeleitet werden. Die Lehren dieses falschen Messias stimmen nicht mit der Heiligen Schrift überein. Dieser spricht seinen Segen über die Verehrer des Tiers und seines Bildes aus – gerade über die Gruppe, von der die Heilige Schrift erklärt, dass der unvermischte Zorn Gottes über sie ausgegossen werden soll.

Es wird Satan außerdem nicht gestattet sein, die Art und Weise von Jesu Kommen nachzuahmen. Der Retter hat sein Volk vor einer derartigen Täuschung gewarnt und sein Kommen deutlich beschrieben: „Es werden falsche Christusse und falsche Propheten aufstehen und große Zeichen und Wunder tun, so dass sie, wenn es möglich wäre, auch die Auserwählten verführten … Wenn sie also zu euch sagen werden: Siehe, er ist in der Wüste!, so geht nicht hinaus; siehe, er ist drinnen im Haus!, so glaubt es nicht. Denn wie der Blitz ausgeht vom Osten und leuchtet bis zum Westen, so wird auch das Kommen des Menschensohns sein.“ (Matthäus 24,24-27.31; 1. Thessalonicher 4,16.17). Es gibt keine Möglichkeit, dieses Kommen vorzutäuschen. Es wird allgemein bekannt und von der ganzen Welt miterlebt werden.

Nur wer intensiv in der Bibel studiert und die Liebe zur Wahrheit angenommen hat, wird vor der gewaltigen Täuschung geschützt sein, die die Welt in ihren Bann ziehen wird. Durch das Zeugnis der Heiligen Schrift werden sie den Betrüger in seiner Verkleidung erkennen. Die Zeit der Prüfung wird für alle kommen. Dann wird die Versuchung die echten Christen heraussieben. Sind Gottes Kinder jetzt so fest auf sein Wort gegründet, dass sie sich nicht auf ihre Sinneswahrnehmungen verlassen? Werden sie sich in einer solchen Entscheidungsstunde an die Heilige Schrift und nur an die Heilige Schrift halten?

Satan wird mit allen Mitteln zu verhindern suchen, dass sie sich darauf vorbereiten, an jenem Tage bestehen zu können. Er wird alles so einrichten, dass den Gotteskindern der Weg versperrt ist, er wird sie durch irdische Schätze ablenken, ihnen eine schwere, ermüdende Last aufbürden, damit ihre Herzen von den Sorgen dieses Lebens überlastet sind und der Tag der Prüfung wie ein Dieb über sie kommt.

Wenn das Gesetz, das die verschiedenen Oberhäupter der Christenheit gegen die Gebotehalter erlassen werden, ihnen den Regierungsschutz entzieht und sie denen ausliefert, die ihren Untergang planen, wird Gottes Volk aus den Städten und Dörfern fliehen, sich in Gruppen sammeln und an den allereinsamsten Orten wohnen. Viele werden in den Festungen der Berge Zuflucht finden. Wie die Christen der Waldensertäler werden sie die Höhen der Erde zu ihrem Heiligtum machen und Gott für den Schutz der Felsen danken (Jesaja 33,16). Aber viele aus allen Völkern und sozialen Schichten, Hoch und Niedrig, Reich und Arm, Schwarz und Weiß, werden in äußerst ungerechte und grausame Gefangenschaft geraten. Die Geliebten Gottes werden beschwerliche Tage verbringen – in Ketten gebunden, hinter Schloss und Riegel, zum Tod verurteilt, einige anscheinend dem Hungertod überlassen in finsteren und dreckigen Verliesen. Kein menschliches Ohr steht ihren Klagen offen, keine menschliche Hand bereit, ihnen zu helfen. Wird der Herr sein Volk in dieser schweren Stunde vergessen? Vergaß er den treuen Noah, als die vorsintflutliche Welt von Gerichten heimgesucht wurde? Vergaß er Lot, als Feuer vom Himmel fiel, um die Städte der Ebene zu verzehren? Vergaß er den von Götzendienern umgebenen Josef in Ägypten? Vergaß er Elia, als Isebel ihm schwor, ihn würde das Schicksal der Baalspropheten ereilen? Vergaß er Jeremia in der finsteren, furchteinflößenden Grube, in der man ihn gefangen hielt? Vergaß er die drei tapferen jungen Männer im Feuerofen oder Daniel in der Löwengrube?

„Zion aber sprach: Der Herr hat mich verlassen, der Herr hat mein vergessen. Kann auch eine Frau ihres Kindleins vergessen, dass sie sich nicht erbarme über den Sohn ihres Leibes? Und ob sie desselben vergäße, so will ich doch dein nicht vergessen. Siehe, in die Hände habe ich dich gezeichnet." (Jesaja 49,14-16).

Der Herr der Heerscharen hat gesagt, dass „wer euch antastet, der tastet seinen Augapfel an" (Sacharja 2,12). Obwohl die Feinde sie ins Gefängnis werfen, so können die Kerkermauern die Kommunikation zwischen ihnen und Jesus doch nicht verhindern. Einer, der ihre Schwachheit sieht und mit jeder Prüfung vertraut ist, thront über allen irdischen Mächten, und Engel werden sie in ihren einsamen Gefängniszellen besuchen und ihnen Licht und Frieden vom Himmel bringen. Das Gefängnis wird wie ein Palast sein, wenn sich die dort befinden, die reich an Glauben sind. Die düsteren Mauern werden von himmlischem Licht erhellt wie damals, als Paulus und Silas im Gefängnis zu Philippi um Mitternacht beteten und Loblieder sangen.

Gottes Gerichte werden die treffen, die sein Volk unterdrücken und vernichten wollen. Seine große Langmut mit den Gottlosen lässt die Menschen in ihrer Übertretung nur umso dreister werden. Aber wenn die Konsequenzen auch lange aufgeschoben wurden, sind sie ihnen dennoch sicher – und sie werden schrecklich sein. „Denn wie am Berg Perazim wird Herr sich erheben, rasen wird er wie im Tal Gibeon, um seine Tat zu tun – befremdlich, was er tut! – und sein Werk zu vollbringen – fremd ist sein Werk." (Jesaja 28,21 Zürcher).

Für unseren barmherzigen Gott ist das Strafen etwas Fremdes. „So wahr ich lebe, spricht Gott der Herr: Ich habe kein Gefallen am Tode des Gottlosen." (Hesekiel 33,11). Der Herr ist „barmherzig und gnädig und geduldig und von großer Gnade und Treue … und vergibt Missetat, Übertretung und Sünde", und doch lässt er nichts ungestraft. „Der Herr ist geduldig und von großer Kraft, vor welchem niemand unschuldig ist."

(2 Mose 34,6.7; Nahum 1,3). Durch furchtgebietende Gerechtigkeit wird er die Autorität seines mit Füßen getretenen Gesetzes wiederherstellen. Die Schwere der Abrechnung, die den Übertreter erwartet, zeigt sich darin, dass der Herr zögert, das Gericht zu vollstrecken. Das Volk, mit dem er so lange Geduld hatte und das er nicht schlagen will, bis das Maß seiner Ungerechtigkeit gegen Gott voll ist, wird schließlich den Kelch des Zorns trinken, dem keine Gnade beigemischt ist.

Wenn Jesus sein Mittleramt im Heiligtum niederlegt, wird der unvermischte Zorn ausgegossen, der denen angekündigt wurde, die das Tier und sein Bild anbeten und sein Malzeichen annehmen (Offenbarung 14,9.10).

Die Plagen, die über Ägypten kamen, als Gott Israel befreite, ähnelten in ihrer Art den Gerichten, von denen die Welt unmittelbar vor der endgültigen Befreiung des Volkes Gottes heimgesucht wird, nur dass diese Gerichte noch schrecklicher und umfassender sein werden. Der Schreiber der Offenbarung sagt, indem er diese furchtbaren Geißeln beschreibt: Es „entstand ein böses und schmerzhaftes Geschwür an den Menschen, die das Malzeichen des Tieres hatten und die sein Bild anbeteten." Das Meer „wurde zu Blut wie von einem Toten, und alle lebendigen Wesen starben im Meer … Und der dritte Engel goss seine Schale aus in die Flüsse und in die Wasserquellen, und sie wurden zu Blut". So schrecklich diese Plagen auch sein werden, an Gottes Gerechtigkeit gibt es keinen Zweifel. Der Engel erklärt: „Gerecht bist du, o Herr dass du so gerichtet hast! Denn das Blut der Heiligen und Propheten haben sie vergossen, und Blut hast du ihnen zu trinken gegeben; denn sie verdienen es!" (Offenbarung 16,2-6). Indem sie die Kinder Gottes zum Tod verurteilten, haben sie sich an ihrem Blut ebenso schuldig gemacht, als hätten sie sie selbst umgebracht. In gleicher Weise erklärte Jesus die Juden seiner Zeit des Blutes aller Heiligen schuldig, das seit den Tagen Abels vergossen worden war, denn sie besaßen den gleichen Geist wie diese Prophetenmörder und planten das gleiche Werk zu tun.

In der darauffolgenden Plage wird der Sonne Macht gegeben, „die Menschen zu versengen mit Feuer. Und die Menschen wurden versengt von der großen Hitze“ (Offenbarung 16,8.9). Die Propheten schildern den Zustand der Erde zu dieser schlimmen Zeit mit folgenden Worten: „Das Feld ist verwüstet … das Getreide ist verdorben … Alle Bäume auf dem Felde sind verdorrt; denn die Freude der Menschen ist zum Jammer geworden … Der Same ist unter der Erde verfault, die Kornhäuser stehen wüst … O wie seufzt das Vieh! Die Rinder sehen kläglich, denn sie haben keine Weide … die Wasserbäche sind ausgetrocknet und das Feuer hat die Auen in der Wüste verbrannt.“ „Die Lieder im Tempel sollen in Heulen verkehrt werden zur selben Zeit, spricht Gott der Herr. Es werden an allen Orten viel Leichname liegen, die man hingeworfen hat.“ (Joel 1,10-12.17-20; Amos 8,3). Diese Plagen sind nicht weltumspannend, sonst würden die Erdbewohner vollständig ausgerottet werden. Doch sie werden die schlimmsten Katastrophen sein, die Sterbliche je erlebt haben. Alle Gerichte, die vor Beendigung der Gnadenzeit über die Menschen kamen, waren mit Gnade vermischt. Das um Vergebung flehende Blut Jesu bewahrte den Sünder davor, das volle Maß seiner Schuld zu empfangen, aber im Endgericht wird der Zorn Gottes völlig ohne Gnade ausgegossen werden.

An jenem Tag werden viele sich den Schutz der göttlichen Gnade wünschen, die sie bis dahin verschmäht haben. „Siehe, es kommen Tage, spricht Gott, der Herr, da werde ich einen Hunger ins Land senden; nicht einen Hunger nach Brot noch einen Durst nach Wasser, sondern danach, das Wort des Herrn zu hören. Da wird man hin und her wanken von einem Meer zum anderen und umherziehen von Norden bis zum Osten, um das Wort des Herrn zu suchen, und wird es doch nicht finden.“ (Amos 8,11.22).

Gottes Volk wird zwar von Leiden nicht verschont bleiben, aber während man es verfolgt und bedrängt, während es Entbehrung erträgt und Hunger leidet, wird es doch nicht umkommen. Gott, der für Elia sorgte, wird an keinem seiner aufopferungsvollen Kinder vorübergehen. Der die Haare auf ihrem Kopf zählt, wird für sie sorgen, und in den Tagen der Hungersnot werden sie genug haben (Psalm 37,19). Während die Gottlosen verhungern und an Seuchen zu Grunde gehen, beschützen Engel die Gerechten und geben ihnen, was sie brauchen. Für den, der in Gerechtigkeit lebt, gilt die Verheißung: „Sein Brot wird ihm gegeben, sein Wasser hat er gewiss." „Die Elenden und Armen suchen Wasser, und ist nichts da; ihre Zunge verdorrt vor Durst. Aber ich, der Herr, will sie erhören; ich, der Gott Israels will sie nicht verlassen." (Jesaja 33,16; 41,17).

„Denn der Feigenbaum wird nicht grünen, und wird kein Gewächs sein an den Weinstöcken; die Arbeit am Ölbaum ist vergeblich, und die Äcker bringen keine Nahrung; und Schafe werden aus den Hürden gerissen, und werden keine Rinder in den Ställen sein. Aber ich will mich freuen des Herrn und fröhlich sein in Gott, meinem Heil." (Habakuk 3,17.18). „Der Herr behütet dich; der Herr ist dein Schatten über deiner rechten Hand, dass dich des Tages die Sonne nicht steche noch der Mond des Nachts. Der Herr behüte dich vor allem Übel, er behüte deine Seele." (Psalm 121,5-7).

„Er errettet dich vom Strick des Jägers und von der verderblichen Pest. Er wird dich mit seinen Fittichen decken, und Zuflucht wirst du haben unter seinen Flügeln. Seine Wahrheit ist Schirm und Schild, dass du nicht erschrecken musst vor dem Grauen der Nacht, vor den Pfeilen, die des Tages fliegen, vor der Pest, die im Finstern schleicht, vor der Seuche, die am Mittag Verderben bringt. Wenn auch tausend fallen zu deiner Seite und zehntausend zu deiner Rechten, so wird es doch dich nicht treffen. Ja, du wirst es mit eigenen Augen sehen und schauen, wie den Gottlosen vergolten wird. Denn der Herr ist deine Zuversicht, der Höchste ist deine Zuflucht. Es wird dir kein Übel begegnen, und keine Plage wird sich deinem Hause nahen." (Psalm 91,3-10).

Dennoch wird es nach menschlichem Ermessen so scheinen, als müsse Gottes Volk sein Zeugnis bald mit dem Blut besiegeln, wie die Märtyrer von einst. Das Volk befürchtet, der Herr habe es verlassen, und es müsse in die Hand seiner Feinde fallen. Es ist eine Zeit schrecklicher Seelenangst. Tag und Nacht schreien die Bedrängten zu Gott um Befreiung. Die Gottlosen frohlocken, und man vernimmt den höhnenden Ruf: „Wo ist nun euer Glaube? Warum befreit euch Gott nicht aus unseren Händen, wenn ihr wirklich sein Volk seid?" Aber die Wartenden denken daran, dass die Hohepriester und Obersten beim Tod Jesu am Kreuz auf Golgatha spottend ausriefen: „Andern hat er geholfen, und kann sich selber nicht helfen. Ist er der König Israels, so steige er nun vom Kreuz, so wollen wir ihm glauben." (Matthäus 27,42). Wie Jakob ringen alle mit Gott. In ihren Angesichtern spiegelt sich der innere Kampf wieder. Blässe zeichnet ihre Gesichter. Doch hören sie mit ihrer ernsten Fürbitte nicht auf. Würden den Menschen die Augen geöffnet, sie könnten Scharen von starken Engeln sehen, die jene umgeben, die das Wort von Jesu Geduld bewahrt haben.

In mitfühlender Besorgnis haben die Engel ihre Notlage gesehen und ihre Gebete gehört. Sie hoffen auf das Wort ihres Gebieters, um sie aus der Gefahr herauszureißen, doch sie müssen noch ein wenig warten. Die Kinder Gottes müssen den Kelch trinken und mit der Taufe getauft werden. Gerade die für sie so quälende Verzögerung ist die beste Antwort auf ihre Bitten. Indem sie sich bemühen, vertrauensvoll darauf zu warten, dass der Herr tätig wird, werden sie motiviert, Glauben, Hoffnung und Geduld zu üben, wie sie sie in ihrem Glaubensleben noch nicht geübt haben. Dennoch wird um der Auserwählten willen die Trübsalszeit verkürzt werden. „Sollte Gott nicht auch Recht schaffen seinen Auserwählten, die zu ihm Tag und Nacht rufen, und sollte er's bei ihnen lange hinziehen? Ich sage euch: Er wird ihnen Recht schaffen in Kürze." (Lukas 18,7.8). Das Ende wird schneller kommen, als die Menschen es erwarten. Der Weizen wird gesammelt und in Garben gebunden für die Scheune Gottes, das Unkraut aber wird für das Feuer der Vernichtung gebunden werden.

Der ihnen anvertrauten Aufgabe getreu wachen die himmlischen Wächter auch in Zukunft. Obwohl ein allgemeines Gesetz den Termin festlegt, wann alle, die Gottes Gebote halten, umgebracht werden dürfen, so werden doch ihre Feinde an manchen Orten dem Erlass zuvorkommen wollen und versuchen, sie zu töten. Aber niemand kann an den mächtigen Wächtern vorbeikommen, die jeden Gläubigen bewahren. Einige werden auf ihrer Flucht aus den Städten und Dörfern angegriffen; doch die gegen sie erhobenen Waffen zerbrechen und versagen als wären sie ein Strohhalm. Andere werden von Engeln in der Gestalt von Kriegern verteidigt.

Zu allen Zeiten hat Gott durch heilige Engel für den Beistand und die Befreiung seines Volkes gewirkt. Himmlische Wesen haben am Leben und Tun der Menschen tätigen Anteil genommen. Sie erschienen in Gewändern, die wie der Blitz leuchteten, oder kamen als Menschen wie Wanderer. Engel begegneten den Gotteskindern in menschlicher Gestalt. Sie ruhten zu Mittag unter Eichen, als wären sie müde, dienten in der Nacht verspäteten Reisenden als Führer, zündeten mit eigenen Händen das Feuer auf dem Altar an und nahmen die Gastfreundschaft irdischer Wohnungen gerne an. Sie öffneten Gefängnistüren und ließen Gottes Diener frei. Mit der Waffenrüstung des Himmels angetan kamen sie, um den Stein vom Grab des Heilandes wegzurollen.

In Menschengestalt sind Engel oft in den Versammlungen der Gerechten anwesend. Aber sie besuchen auch die Versammlungen der Gottlosen, wie einst in Sodom, um einen Bericht von den Taten seiner Einwohner aufzunehmen und zu entscheiden, ob sie das Maß der Langmut Gottes überschritten hatten. Der Herr hat Wohlgefallen an der Barmherzigkeit, und um einiger weniger willen, die ihm wirklich dienen, hält er das Unglück zurück und gewährt den Massen weiterhin Ruhe. Wie wenig Bewusstsein haben die Sünder dafür, dass sie ihr eigenes Leben der Minderheit von Gottgetreuen verdanken, die von ihnen verlacht und schadenfroh unterdrückt werden!

Wenn die Herrscher dieser Welt es auch nicht wissen, so führten in ihren Versammlungen doch oft Engel das Wort. Menschliche Augen blickten auf sie, menschliche Ohren lauschten ihren Aufforderungen. Menschliche Lippen widersetzten sich ihren Vorschlägen und lachten über ihre Ratschläge; menschliche Hände beleidigten und misshandelten sie. In den Ratsversammlungen, an den Gerichtshöfen erwiesen sich diese himmlischen Boten als sehr vertraut mit der menschlichen Geschichte, sie vertraten die Sache der Unterdrückten besser als deren fähigste und wortgewaltigste Verteidiger.

Sie vereitelten Absichten und verhinderten böse Taten, die Gottes Werk sehr geschadet und seinem Volk viel Leid zugefügt hätten. In der Stunde der Gefahr und der Trübsal lagert „der Engel des Herrn … sich um die her, die ihn fürchten, und hilft ihnen heraus“ (Psalm 34,8).

Sehnsüchtig erwartet Gottes Volk die Anzeichen seines kommenden Königs. Wenn die Wächter angerufen werden: „Wächter, ist die Nacht bald vorbei?“, wird ohne Zögern die Antwort gegeben: „Der Morgen kommt, doch noch ist es Nacht.“ (Jesaja 21,11.12). Licht glänzt auf den Wolken über den Bergspitzen. In Kürze wird sich Gottes Herrlichkeit offenbaren. Die Sonne der Gerechtigkeit wird bald hervorleuchten. Sowohl der Morgen als auch die Nacht stehen unmittelbar bevor – der Beginn des endlosen Tages für die Gerechten, der Anfang der ewigen Nacht für die Gottlosen.

Während die Ringenden ihre Bitten zu Gott emporsenden, scheint der Schleier, der sie von der unsichtbaren Welt trennt, fast weggezogen zu sein. Die Himmel erglühen von der Dämmerung des ewigen Tages, und wie ein klangvoller Engelchor dringen die Worte ans Ohr: Bleibt standhaft in eurer Treue! Es kommt Hilfe! Jesus, der allmächtige Sieger, hält seinen müden Soldaten eine Krone unvergänglicher Herrlichkeit bereit, und seine Stimme ertönt von den halb geöffneten Toren: „Siehe, ich bin bei euch! Fürchtet euch nicht! Ich kenne all euren Kummer, ich habe eure Sorgen getragen. Ihr kämpft nicht gegen unbesiegbare Feinde. Ich habe den Kampf für euch ausgefochten, und in meinem Namen seid ihr unüberwindlich."

Der edle Retter wird gerade dann Hilfe senden, wenn wir sie brauchen. Den Weg zum Himmel haben schon vor uns seine heiligen Füße beschritten. Jeder Dorn, der unseren Fuß verwundet, hat auch seinen Fuß verletzt. Jedes Kreuz, das uns auferlegt wird, hat er vor uns getragen. Der Herr lässt Kämpfe zu, damit die Seele für den Frieden vorbereitet werde. Die Trübsalszeit ist eine schreckliche Feuerprobe für Gottes Volk, aber sie ist auch die Zeit, in der jeder Gläubige, der vertrauensvoll nach oben schaut, über sich den Bogen der Verheißung sehen wird. „So werden die Erlösten des Herrn heimkehren und nach Zion kommen mit Jauchzen, und ewige Freude wird auf ihrem Haupt sein. Wonne und Freude werden sie ergreifen, aber Trauern und Seufzen wird von ihnen fliehen. Ich, ich bin euer Tröster! Wer bist du denn, dass du dich vor Menschen gefürchtet hast, die doch sterben, und vor Menschenkindern, die wie Gras vergehen, und hast des Herrn vergessen, der dich gemacht hat ... und hast dich ständig gefürchtet den ganzen Tag vor dem Grimm des Bedrängers, als er sich vornahm, dich zu verderben? Wo ist nun der Grimm des Bedrängers? Der Gefangene wird eilends losgegeben, dass er nicht sterbe und begraben werde und dass er keinen Mangel an Brot habe. Denn ich bin der Herr, dein Gott, der das Meer erregt, dass seine Wellen wüten – sein Name heißt Herr Zebaoth. Ich habe mein Wort in deinen Mund gelegt und habe dich unter dem Schatten meiner Hände geborgen …

Darum höre dies, du Elende, die du trunken bist, doch nicht von Wein! So spricht dein Herrscher, der Herr, und dein Gott, der die Sache seines Volks führt: Siehe, ich nehme den Taumelkelch aus deiner Hand, den Becher meines Grimms. Du sollst ihn nicht mehr trinken, sondern ich will ihn deinen Peinigern in die Hand geben, die zu dir sprachen: Wirf dich nieder, dass wir darüber hingehen! Und du machtest deinen Rücken dem Erdboden gleich und wie eine Gasse, dass man darüber hinlaufe.“ (Jesaja 51,11-16,21-23). Gottes Auge blickte voraus in die Krisenzeit, in die Gottes Kinder geraten, wenn die irdischen Mächte sich gegen sie aufstellen. Wie gefangene Exilanten droht ihnen Tod durch Hunger oder Gewalt. Aber der Heilige, der das Rote Meer vor Israel teilte, wird seine gewaltige Macht offenbaren und ihre Gefangenschaft wenden. „Sie sollen, spricht der Herr Zebaoth, des Tages, den ich machen will, mein Eigentum sein; und ich will ihrer schonen, wie ein Mann seines Sohnes schont, der ihm dient.“ (Maleachi 3,17).

Würde das Blut der treuen Zeugen Christi zu dieser Zeit vergossen, so könnte es nicht wie das Blut der Märtyrer ein Same sein, gesät, damit eine Ernte zu Gottes Ehre heranreift. Ihre Treue wäre kein Zeugnis, um andere von der Wahrheit zu überzeugen, denn die Wogen der Barmherzigkeit brachen sich an den verhärteten Herzen, bis sie sich schließlich ganz zurückzogen. Fielen die Gerechten jetzt ihren Feinden zum Opfer, so bedeutete das für den Fürsten der Finsternis einen Sieg. Der Psalmist sagt: „Er deckt mich in seiner Hütte zur bösen Zeit, er verbirgt mich heimlich in seinem Gezelt.“ (Psalm 27,5). Jesus sprach die Worte: „Gehe hin, mein Volk, in deine

Kammer und schließ die Tür nach dir zu; verbirg dich einen kleinen Augenblick, bis der Zorn vorübergehe. Denn siehe, der Herr wird ausgehen von seinem Ort, heimzusuchen die Bosheit der Einwohner des Landes über sie." (Jesaja 26,20.21). Herrlich wird die Rettung jener Menschen sein, die geduldig auf seine Wiederkunft gewartet haben und deren Namen im Buch des Lebens geschrieben stehen!

Gottes Volk wird befreit

Wenn man anfängt, denen den Schutz menschlicher Gesetze zu entziehen, die Gottes Gebote halten, wird in verschiedenen Ländern gleichzeitig eine Bewegung zur Vernichtung dieser Gläubigen entstehen. Wenn die in dem Erlass bestimmte Zeit herannaht, werden sich die Menschen zusammentun, um die verhasste Sekte auszurotten. Sie beschließen, den entscheidenden Schlag in einer bestimmten Nacht zu führen. Damit sollen die Stimmen der Kritiker ein für allemal zum Schweigen gebracht werden.

Gottes Kinder, einige in Gefängniszellen, etliche in einsamen Schlupfwinkeln in Wäldern und Bergen, erflehen noch immer göttlichen Schutz, während sich überall bewaffnete Menschen, angetrieben von Scharen böser Engel, auf das Werk des Todes vorbereiten. Jetzt, in der Stunde äußerster Gefahr, wird der Gott Israels einschreiten, um seine Auserwählten zu erretten. Der Herr hat gesagt: „Da werdet ihr singen wie in der Nacht eines heiligen Festes und euch von Herzen freuen, wie wenn man mit Flötenspiel geht zum Berge des Herrn, zum Hort Israels. Und der Herr wird seine herrliche Stimme erschallen lassen, und man wird sehen, wie sein Arm herniederfährt mit zornigem Drohen und mit Flammen verzehrenden Feuers, mit Wolkenbruch und Hagelschlag.“ (Jesaja 30,29.30).

Schon wollen sich die Scharen der Frevler mit Siegesgeschrei, mit Spott und Verwünschungen auf ihre Opfer stürzen, da senkt sich eine dichte Finsternis, schwärzer als die dunkelste Nacht, auf die Erde herab. Dann überspannt ein Regenbogen den Himmel. Er glänzt wie am Thron Gottes und scheint jede betende Gruppe zu umgeben. Da hält der zornige Mob plötzlich inne. Die Spottrufe ersterben. Das Ziel ihrer mörderischen

Wut ist vergessen. Mit schrecklichen Ahnungen starren sie auf das göttliche Bundessymbol und würden sich gern vor seinem überwältigenden Glanz schützen.

Gottes Volk hört eine klare, melodische Stimme rufen: „Schaut nach oben!“ Die Augen gen Himmel gerichtet, schauen sie auf den Bogen der Verheißung. Die schwarzen, drohenden Wolken, die das Himmelsgewölbe bedeckten, haben sich zerteilt. Wie Stephanus sieht das Volk Gottes unverwandt zum Himmel und erblickt Gottes Herrlichkeit und den Menschensohn, der auf seinem Thron sitzt. An seiner göttlichen Gestalt erkennen die Auserwählten, dass er gedemütigt wurde, und von seinen Lippen vernehmen sie die vor seinem Vater und den heiligen Engeln dargebrachte Bitte: „Ich will, dass, wo ich bin, auch die bei mir seien, die du mir gegeben hast.“ (Johannes 17,24). Wiederum erklingt eine musikalische und triumphierende Stimme: „Sie kommen! Sie kommen! heilig, sündlos und unbefleckt, sie haben das Wort meiner Geduld beherzigt, sie sollen mit den Engeln zusammenleben.“ (vgl. Hebräer 7,26 Elberfelder, Offenbarung 3,10 Neue evangelistische Übersetzung). Und die blassen, zitternden Lippen derer, die an ihrem Glauben festgehalten haben, brechen in einen Jubelruf aus.

Es ist Mitternacht, wenn Gott seine Macht beweist und sein Volk befreit. Die Sonne wird sichtbar und leuchtet in voller Kraft. Zeichen und Wunder folgen rasch aufeinander. Die Frevler sind erschreckt und bestürzt über diese Vorgänge. Aber die Gerechten erkennen darin mit feierlicher Freude die Zeichen ihrer Befreiung. In der Natur scheint alles aus dem Lot zu geraten. Die Flüsse hören auf zu fließen. Dunkle, schwere Wolken steigen auf und stoßen gegeneinander. Mitten am aufgewühlten Himmel ist eine Stelle von unbeschreiblicher Herrlichkeit erkennbar, von wo aus die Stimme Gottes wie das gewaltige Rauschen vieler Wasser ertönt und spricht: „Es ist geschehen!“ (Offenbarung 16,17)

Jene Stimme erschüttert Himmel und Erde. Es geschieht „ein großes Erdbeben, wie es noch nicht gewesen ist, seit Menschen auf Erden sind – ein solches Erdbeben, so groß“ (Offenbarung 16,18). Der Himmel scheint sich zu öffnen und zu schließen. Die Herrlichkeit vom Thron Gottes blitzt hindurch. Die Berge erbeben wie ein Rohr im Wind, Felsen lösen sich und liegen überall verstreut. Ein Geheul ertönt wie von einem herannahenden Sturm. Das Meer wird aufgewühlt. Man hört das Brüllen des Orkans, der sich, schreienden Dämonen gleich, zur Vernichtung aufgemacht hat. Die ganze Erde hebt und senkt sich wie die Meereswogen. Ihre Oberfläche bricht auf, selbst ihre Grundfesten scheinen nachzugeben. Bergketten versinken. Bewohnte Inseln verschwinden mitsamt allen Lebenden. Die Seehäfen, die an Lasterhaftigkeit Sodom gleichgeworden sind, werden von den zornigen Wassern verschlungen. Babylon, der Großen wird „gedacht vor Gott, ihr zu geben den Kelch des Weins von seinem grimmigen Zorn“ (Offenbarung 16,19.20). Große zentnerschwere Hagelsteine vollbringen ihr Zerstörungswerk (Vers 21). Die berühmtesten Städte der Erde werden vernichtet. Die herrlichsten Paläste, für die die Großen der Welt ihre Reichtümer verschwendet haben, um sich selbst zu verherrlichen, zerfallen vor ihren Augen. Gefängnismauern stürzen ein, und Gottes Volk, das um seines Glaubens willen gefangen gehalten worden war, wird frei.

Gräber öffnen sich, und „viele, die unter der Erde schlafen liegen, werden aufwachen, die einen zum ewigen Leben, die andern zu ewiger Schmach und Schande“ (Daniel 12,2). Alle, die im Glauben an die dritte Engelsbotschaft gestorben sind, kommen verklärt aus ihren Gräbern hervor, um mit denen, die Gottes Gesetz gehalten haben, den Friedensbund Gottes zu vernehmen. Auch „die ihn zerstochen haben“ (Offenbarung 1,7), die Jesus in seinem Todesschmerz verspotteten und verlachten und die heftigsten Widersacher seiner Wahrheit und seines Volkes werden auferweckt, um ihn in seiner Herrlichkeit zu schauen und die Ehrung der Treuen und Gehorsamen mitzuerleben.

Dichte Wolken bedecken noch den Himmel, doch hier und da bricht die Sonne hindurch, wie das strafende Auge des Herrn. Wütende Blitze zucken vom Himmel und hüllen die Erde in einen Feuermantel. Lauter als das schreckliche Grollen des Donners verkünden geheimnisvolle, furchterregende Stimmen das Schicksal der Frevler. Nicht alle erfassen diese Worte, aber die verlogenen Wächter verstehen sie deutlich. Menschen, die kurz zuvor noch so sorglos, so prahlerisch und herausfordernd waren, so triumphierend in ihrer Grausamkeit gegen Gottes gebotehaltende Gemeinde, sind jetzt vor Bestürzung überwältigt und erschaudern vor Furcht. Ihr Wehgeschrei übertönt das Getöse der Elemente. Dämonen bekennen Jesu Göttlichkeit und zittern vor seiner Macht, während die Menschen in panischer Angst um Gnade winseln.

Die Propheten des Alten Bundes sagten, als sie im Gesicht den Tag Gottes sahen: „Heulet, denn des Herrn Tag ist nahe; er kommt wie eine Verwüstung vom Allmächtigen." (Jesaja 13,6). „Gehe in den Felsen und verbirg dich in der Erde vor der Furcht des Herrn und vor seiner herrlichen Majestät. Denn alle hohen Augen werden erniedrigt werden, und die hohe Männer sind, werden sich bücken müssen; der Herr aber wird allein hoch sein zu der Zeit. Denn der Tag des Herrn Zebaoth wird gehen über alles Hoffärtige und Hohe und über alles Erhabene, dass es erniedrigt werde … Zu der Zeit wird jedermann wegwerfen seine silbernen und goldenen Götzen, die er sich hatte machen lassen, anzubeten, in die Löcher der Maulwürfe und der Fledermäuse, auf dass er möge in die Steinritzen und Felsklüfte kriechen vor der Furcht des Herrn und vor seiner herrlichen Majestät, wenn er sich aufmachen wird, zu schrecken die Erde." (Jesaja 2,10-12.20.21). Durch die aufbrechenden Wolken hindurch strahlt ein Stern mit vierfachem Glanz aus der Finsternis.

Er kündet den Treuen Hoffnung und Freude, den Übertretern von Gottes Gesetz aber Strenge und Zorn. Die alles für Jesus aufgegeben haben, sind nun geborgen in der Hütte des Herrn (Psalm 31,21). Sie wurden geprüft und haben vor der Welt und den Verächtern der Wahrheit dem ihre Treue bewiesen, der für sie starb. Eine wunderbare Wandlung ging mit denen vor sich, die selbst angesichts des Todes ihre Rechtschaffenheit bewahrten. Sie wurden plötzlich vor der finsteren und schrecklichen Raserei der Menschen befreit, die zu Dämonen geworden waren. Ihre vor Kurzem noch blassen, ängstlichen und verstörten Angesichter leuchten nun vor Erstaunen, Glauben und Liebe. Siegesfroh singen sie: „Gott ist unsre Zuversicht und Stärke, eine Hilfe in den großen Nöten, die uns getroffen haben. Darum fürchten wir uns nicht, wenngleich die Welt unterginge und die Berge mitten ins Meer sänken, wenngleich das Meer wütete und wallte und von seinem Ungestüm die Berge einfielen.“ (Psalm 46,2-4).

Während diese Worte heiligen Vertrauens zu Gott emporsteigen, reißen die Wolken auf, und der sternenübersäte Himmel wird sichtbar, unbeschreiblich herrlich neben dem schwarzen und bedrohlichen Firmament ringsherum. Der Glanz der himmlischen Stadt strahlt durch diesen Türspalt. **Dann erscheint am Himmel eine Hand mit zwei zusammengelegten Tafeln. Der Prophet sagt: „Die Himmel werden seine Gerechtigkeit einst verkündigen; denn Gott ist Richter.“ (Psalm 50,6). Jenes heilige Gesetz – Gottes Gerechtigkeit, einst verkündet unter Donner und Flammen vom Sinai als Richtschnur des Lebens – wird nun den Menschen als Rechtsmaßstab offenbart.** Die Hand faltet die Tafeln auseinander, und die Zehn Gebote werden sichtbar, als wären sie mit einer feurigen Feder geschrieben. Die Worte sind so deutlich, dass alle sie lesen können. Die Erinnerung wird wach, die Finsternis des Aberglaubens und der Ketzerei weicht und Gottes zehn kurze, verständliche und vollgültige Worte stehen allen Bewohnern der Erde deutlich vor Augen.

Es ist unmöglich, den Schrecken und die Verzweiflung derer zu beschreiben, die Gottes heilige Gebote mit Füßen getreten haben. Der Herr gab ihnen sein Gesetz. Sie hätten ihren Charakter damit vergleichen und ihre Fehler erkennen können, als noch Zeit zur Umkehr und Besserung war. Aber um die Gunst der Welt zu erlangen, setzten sie seine Richtlinien beiseite und ermutigten andere, sie zu übertreten. Sie haben Gottes Volk zu zwingen versucht, den Sabbat des Herrn zu entheiligen. Jetzt werden sie durch jenes Gesetz verurteilt, das sie missachtet haben. Mit schrecklicher Deutlichkeit sehen sie, dass es für sie keine Entschuldigung gibt. Sie erwählten selbst, wem sie dienen und wen sie anbeten wollten. „Ihr werdet am Ende doch sehen, was für ein Unterschied ist zwischen dem Gerechten und dem Gottlosen, zwischen dem, der Gott dient, und dem, der ihm nicht dient." (Maleachi 3,18).

Für die Feinde des Gesetzes Gottes, vom Prediger bis zu den Geringsten unter ihnen, bekommen die Begriffe Wahrheit und Pflicht eine ganz neue Bedeutung. **Zu spät erkennen sie, dass der Sabbat des vierten Gebots das Siegel des lebendigen Gottes ist. Zu spät erkennen sie die eigentliche Grundlage ihres falschen Sabbats und den sandigen Grund, auf den sie gebaut haben.** Es wird ihnen klar, dass sie gegen Gott zu Felde gezogen sind. Religionsgelehrte haben Menschen ins Verderben geführt, obwohl sie versprachen, sie zu den Toren des Paradieses zu geleiten. Erst am Tag der endgültigen Abrechnung wird man begreifen, wie groß die Verantwortung derer ist, die in sakralen Ämtern dienen, und wie schrecklich die Folgen ihrer Untreue sind. Nur in der Ewigkeit können wir den Verlust eines einzigen Menschen erst so richtig ermessen. Furchtbar wird das Los des Menschen sein, zu dem Gott sagen wird: Weiche von mir, du böser Knecht!

Gottes Stimme ist vom Himmel zu hören. Sie verkündet seinem Volk den Tag und die Stunde von Jesu Wiederkunft und den ewigen Bund. Wie dröhnender Donner rollen seine Worte über die Erde. Gottes Israel lauscht, die Augen zum Himmel gerichtet. Die Angesichter leuchten auf von seinem Glanz. Sie strahlen wie Moses Antlitz, als er vom Sinai herabkam. Die Gottlosen können den Anblick nicht ertragen. Als der Segen über die ausgesprochen wird, die Gott dadurch ehrten, dass sie seinen Sabbat heilighielten, erhebt sich ein gewaltiger Jubelruf.

Im Osten erscheint eine kleine schwarze Wolke, ungefähr halb so groß wie eines Mannes Hand (1. Könige 18,44). Es ist die Wolke, die den Heiland umgibt und die, aus der Entfernung gesehen, in Finsternis gehüllt zu sein scheint. Gottes Volk weiß, dass dies das Zeichen des Menschensohns ist. In feierlicher Stille beobachten sie, wie diese Wolke sich der Erde nähert und immer heller und schöner wird, bis sie groß und weiß geworden ist. Ihre Unterseite glüht wie verzehrendes Feuer und über ihr steht der Regenbogen des Bundes. Jesus reitet als mächtiger Sieger voraus. Er kommt jetzt nicht als Schmerzensmann, um den bitteren Schmach- und Leidenskelch zu trinken, sondern als Sieger im Himmel und auf Erden, um die Lebendigen und die Toten zu richten. Er hieß „Treu und Wahrhaftig, und er richtet und streitet mit Gerechtigkeit … Und ihm folgte nach das Heer im Himmel“ (Offenbarung 19,11.14). Mit Wechselgesängen himmlischer Melodien begleitet ihn ein Gefolge zahlloser heiliger Engel. Der ganze Himmel scheint mit leuchtenden Gestalten bedeckt zu sein, zehntausendmal zehntausend und tausendmal tausend. Kein Mensch vermag diesen Anblick zu beschreiben, niemand seine Pracht zu erfassen. „Seines Lobes war der Himmel voll, und seiner Ehre war die Erde voll. Sein Glanz war wie Licht.“ (Habakuk 3,3.4). Als die Wolke noch näher kommt, sieht jeder den Lebensfürsten. Keine Dornenkrone entstellt sein erhabenes Haupt, sondern das Diadem der Herrlichkeit ruht auf seiner heiligen Stirn. Sein Angesicht überstrahlt die blendende Mittagssonne. „Und er trägt an seinem Gewand und an seiner

Hüfte den Namen geschrieben: ‚König der Könige und Herr der Herren'." (Offenbarung 19,16).

In seiner Gegenwart werden „alle Gesichter in Blässe verwandelt" (Jeremia 30,6 Elberfelder) und alle, die Gottes Gnade verwarfen, befällt der Schrecken ewiger Verzweiflung. „Ihr Herz zerfließt, und die Knie wanken ... und alle ihre Gesichter glühen." (Nahum 2,11; Jeremia 30,6). Die Gerechten rufen zitternd: Wer kann bestehen? Der Gesang der Engel verstummt, und eine Zeit lang herrscht tiefes Schweigen. Dann hört man die Stimme Jesu sagen: „Meine Gnade reicht für euch aus." Die Gesichter der Gerechten hellen sich auf, Freude erfüllt jedes Herz. Die Engel wiederholen ihr Lied eine Tonart höher und kommen der Erde noch näher.

Der König aller Könige steigt in Feuerflammen gehüllt auf der Wolke herab. Der Himmel entweicht wie ein zusammengerolltes Buch, die Erde erzittert vor ihm, und alle Berge und Inseln werden aus ihren Örtern bewegt. „Unser Gott kommt und schweigt nicht. Fressend Feuer geht vor ihm her und um ihn her ein großes Wetter. Er ruft Himmel und Erde, dass er sein Volk richte." (Psalm 50,3.4).

„Und die Könige auf Erden und die Großen und die Obersten und die Reichen und die Gewaltigen und alle Sklaven und alle Freien verbargen sich in den Klüften und Felsen der Berge und sprachen zu den Bergen und Felsen: Fallt über uns und verbergt uns vor dem Angesicht dessen, der auf dem Thron sitzt, und vor dem Zorn des Lammes! Denn es ist gekommen der große Tag ihres Zorns und wer kann bestehen?" (Offenbarung 6,15-17).

Das höhnische Gespött hat aufgehört, und lügnerische Lippen sind verstummt. Die Waffen schweigen, und das Schlachtgetümmel mit seinen „blutgetränkten Mänteln" ist vorbei (Jesaja 9,4 Menge). Nur Gebete, Weinen und Wehklagen sind jetzt vernehmbar. Von den Lippen der zuvor noch Spottenden ertönt der

Ruf: „Es ist gekommen der große Tag seines Zorns, und wer kann bestehen?“ Die Gottlosen bitten, eher unter den Felsen der Berge verborgen zu werden, als dem Angesicht des Erlösers begegnen zu müssen, den sie verachtet und verworfen haben.

Sie kennen jene Stimme, die ans Ohr der Toten dringt. Wie oft hat ihr sanfter, flehender Ton sie zur Buße gerufen! Wie oft sprach sie durch die rührenden Bitten eines Freundes, eines Bruders und des Erlösers (Johannes 10,27)! Für die, welche seine Gnade verschmähten, hat keine andere Stimme so einen verurteilenden und urteilsschweren Klang wie jene, die so lange gefleht hat: „So kehrt nun um von euren bösen Wegen. Warum wollt ihr sterben?“ (Hesekiel 33,11). Ach, dass es für sie die Stimme eines Fremden wäre! Jesus sagt: „Ich … rufe, und ihr weist mich ab, ich strecke meine Hand aus, und niemand achtet darauf, ihr verwerft meinen Rat und begehrt meine Zurechtweisung nicht.“ (Sprüche 1,24.25). Jene Stimme ruft Erinnerungen wach, die sie gern ersticken möchten – in den Wind geschlagene Warnungen, abgelehnte Einladungen, gering geschätzte Gnadengaben.

Dort sind jene, die Jesus in seiner Erniedrigung verspottet hatten. Schmerzlich erinnern sie sich an die Worte des Geduldigen, als er von den Hohepriestern beschworen wurde und feierlich erklärte: „Von nun an wird es geschehen, dass ihr sehen werdet des Menschen Sohn sitzen zur Rechten der Kraft und kommen in den Wolken des Himmels.“ (Matthäus 26,64). Jetzt erblicken sie ihn in seiner Herrlichkeit, und werden ihn sitzen sehen zur Rechten der Kraft.

Die über seinen Anspruch, er sei der Sohn Gottes, spotteten, sind nun sprachlos. Da ist der hochmütige Herodes, der über Jesu Königstitel lachte und den höhnenden Soldaten befahl, ihn zum König zu krönen. Da sind dieselben Männer, die ihm respektlos das purpurne Gewand umlegten und die Dornenkrone auf seine heilige Stirn setzten; die in seine widerstandslose Hand das Zepter des Spottes legten und sich unter gotteslästerlichen Hohnreden vor ihm verbeugten. Die Männer, die den Fürsten des Lebens schlugen und anspuckten, wenden sich nun von seinem durchdringenden Blick ab und versuchen, vor dem überwältigenden Glanz seiner Gegenwart zu fliehen. Die Knechte, die die Nägel durch seine Hände und Füße trieben, der Soldat, der seine Seite durchstach, sehen diese Male mit Furcht und Gewissensbissen. Mit entsetzlicher Deutlichkeit erinnern sich die Priester und Obersten an die Ereignisse auf Golgatha. Mit Schaudern und Schrecken denken sie daran, wie sie, ihr Haupt schüttelnd, in fanatischem Frohlocken ausriefen: „Andern hat er geholfen und kann sich selber nicht helfen. Er ist der König von Israel, er steige nun herab vom Kreuz. Dann wollen wir an ihn glauben. Er hat Gott vertraut; der erlöse ihn nun, wenn er Gefallen an ihm hat; denn er hat gesagt: Ich bin Gottes Sohn." (Matthäus 27,42.43).

Lebhaft erinnern sie sich wieder an Jesu Gleichnis von den Weingärtnern, die sich weigerten, ihrem Herrn die Frucht des Weinbergs zu geben, die seine Knechte misshandelten und seinen Sohn erschlugen. Auch denken sie an den Ausspruch, der von ihnen selbst stammte: Der Herr des Weinbergs „wird den Bösen ein böses Ende bereiten" (Matthäus 21,41). In der Sünde und Bestrafung jener untreuen Männer sehen die Priester und Ältesten ihr eigenes Verhalten und ihre eigene gerechte Verurteilung. Und jetzt schreien sie in Todesangst. Lauter als der Ruf: „Kreuzige ihn! Kreuzige ihn!" in den Straßen Jerusalems ertönte, erschallt der schreckliche, verzweifelte Weheruf: „Es ist Gottes Sohn. Es ist der wahre Messias!" Sie bemühen sich, aus der Gegenwart des Königs aller Könige zu fliehen. In den tiefen Höhlen der Erde, die sich durch den Aufruhr der Elemente bildeten, suchen sie sich vergeblich zu verbergen.

Im Leben aller, die die Wahrheit verwerfen, gibt es Augenblicke, wo das Gewissen erwacht und das Gedächtnis schmerzliche

Erinnerungen an Worte und Taten der Heuchelei zutage fördert, während die Seele von Reue geplagt wird. Aber was ist das, verglichen mit den Gewissensbissen jenes Tages, da „Angst und Not kommt“ und das „Unglück wie ein Wetter“ (Sprüche 1,27)? Die Jesus und seine Nachfolger gern umgebracht hätten, sehen nun die Herrlichkeit auf ihnen ruhen. Inmitten des Schreckens hören sie die Heiligen freudig ausrufen: „Siehe, das ist unser Gott, auf den wir harren, und er wird uns helfen.“ (Jesaja 25,9).

Während die Erde schwankt, die Blitze zucken und der Donner grollt, ruft die Stimme des Gottessohns die schlafenden Heiligen hervor. Er blickt auf die Gräber der Gerechten, hebt die Hand zum Himmel empor und ruft: „Erwacht, erwacht, erwacht, ihr im Staub Schlafenden, und steht auf!“ Auf der ganzen Erde werden die Toten diese Stimme hören, und die sie hören, werden leben. Die Erde wird dröhnen von den Schritten der außerordentlich großen Schar aus allen Heiden, Geschlechtern, Völkern und Sprachen. Aus den Gefängnissen des Todes kommen sie, angetan mit unsterblicher Herrlichkeit, und rufen: „Tod, wo ist dein Stachel? Totenreich, wo ist dein Sieg?“ (1. Korinther 15,55). Und die lebenden Gerechten und die auferstandenen Heiligen vereinen ihre Stimmen zu langem, fröhlichem Siegesjubel.

Alle kommen in derselben Größe aus ihren Gräbern, wie sie hineingelegt wurden. Adam, der mitten unter der auferstandenen Schar steht, ist von erhabener Höhe und majestätischer Gestalt, nur wenig kleiner als Gottes Sohn. An ihm wird ein auffallender Gegensatz zu den späteren Generationen deutlich. Hieran sieht man, wie stark das Menschengeschlecht degeneriert ist. Alle aber stehen auf in der Frische und Kraft ewiger Jugend. Im Anfang wurde der Mensch nach Gottes Bild geschaffen, nicht nur im Charakter, sondern auch in Gestalt und Aussehen. Die Sünde hat das göttliche Bild entstellt und nahezu verwischt, aber Jesus kam, um das, was verloren gegangen war, wiederherzustellen.

Er wird unseren vergänglichen Leib verwandeln und seinem verklärten Leib ähnlich machen. Die sterbliche, vergängliche, anmutlose, einst mit Sünde befleckte Gestalt wird vollkommen, schön und unsterblich. Alle Fehler und Gebrechen bleiben im Grab. Wieder zum Baum des Lebens in dem lange verlorenen Paradies zugelassen, werden die Erlösten zunehmen, bis sie zur vollen Größe des Menschengeschlechts in seiner ursprünglichen Herrlichkeit herangewachsen sind. Die letzten noch verbliebenen Spuren des Fluches der Sünde werden beseitigt, und die Jesus treu waren, erscheinen in der Herrlichkeit des Herrn, unseres Gottes, und werden an Körper, Seele und Geist das vollkommene Bild ihres Herrn widerstrahlen. Du wunderbare Erlösung, lange besprochen, lange erhofft, mit eifriger Erwartung betrachtet, aber nie völlig verstanden!

Die lebenden Gerechten werden „plötzlich, in einem Augenblick“ verwandelt. Beim Ertönen der Stimme Gottes wurden sie verherrlicht; nun empfangen sie Unsterblichkeit und werden mit den auferstandenen Heiligen dem Herrn in die Luft entgegengerückt. Die Engel werden „versammeln seine Auserwählten von den vier Winden, von dem Ende der Erde bis zum Ende des Himmels“ (Markus 13,27). Kleine Kinder werden von den Engeln in die Arme ihrer Mütter getragen. Freunde, die der Tod lange Zeit getrennt hatte, werden wieder zusammengeführt, um sich nie mehr trennen zu müssen, und gemeinsam steigen sie unter Freudengesängen zur Stadt Gottes auf.

Auf jeder Seite des Wolkenwagens befinden sich Flügel, und unter ihm lebendige Räder, und wenn der Wagen aufwärts braust, rufen die Räder: „Heilig!“, und die Flügel rufen bei jeder Bewegung: „Heilig!“, und das Gefolge der Engel ruft: „Heilig, heilig, heilig ist Gott der Herr, der Allmächtige!“ Und die Erlösten rufen: „Halleluja!“, während der Wagen aufwärts zum neuen Jerusalem fliegt.

Vor dem Einzug in die Gottesstadt verleiht der Heiland seinen Nachfolgern die Siegeszeichen und stattet sie mit den Königsinsignien aus. Die glitzernden Reihen formieren sich zu einem hohlen Karree um ihren König herum, während seine Gestalt majestätisch über den Heiligen und Engeln aufragt und er seine Blicke voll gütiger Liebe über sie schweifen lässt. Jeder Einzelne aus dieser unzähligen Schar der Erlösten schaut ihn unverwandt an, jedes Auge blickt auf seine Herrlichkeit, dessen „Gestalt hässlicher war als die anderer Leute und sein Aussehen als der Menschenkinder." (Jesaja 52,14). Auf die Häupter der Überwinder setzt der Heiland mit eigener Hand die Krone der Herrlichkeit. Jeder erhält eine Krone, die seinen neuen Namen" trägt (Offenbarung 2,17) sowie die Inschrift „Heilig dem Herrn!" In jede Hand wird die Siegespalme und die glänzende Harfe gelegt. Dann gleitet jede Hand – die leitenden Engel geben den Ton an – geschickt über die Harfensaiten und entlocken ihnen liebliche Musik mit herrlichen, klangvollen Melodien. Unsagbare Wonne durchdringt jedes Herz, und jede Stimme erhebt sich in dankbarem Lobgesang: „Der uns geliebt hat und gewaschen von den Sünden mit seinem Blut und hat uns zu Königen und Priestern gemacht vor Gott und seinem Vater, dem sei Ehre und Gewalt von Ewigkeit zu Ewigkeit! Amen." (Offenbarung 1,5.6). Vor der erlösten Schar liegt die Heilige Stadt. Jesus öffnet die Perlentore weit, und die Völker, die sich an die Wahrheit gehalten haben, ziehen ein. Dort sehen sie Gottes Paradies, die Heimat Adams in seiner Unschuld. Und nun ertönt jene Stimme, klangvoller als irgendwelche Musik, die je ein Sterblicher gehört hat, und sagt: „Euer Kampf ist beendet! Kommt her, ihr Gesegneten meines Vaters, ererbet das Reich, das euch bereitet ist von Anbeginn der Welt!"

Jetzt ist das Gebet des Heilands für seine Jünger erfüllt: „Ich will, dass, wo ich bin, auch die bei mir seien, die du mir gegeben hast." (Johannes 17,24). Jesus bringt dem Vater den

Erlös seines Blutes „ohne Fehl … vor das Angesicht seiner Herrlichkeit unsträflich mit Freuden“ (Judas 24) und erklärt: „Hier bin ich und die Kinder, die mir der Herr gegeben hat.“ „Die du mir gegeben hast, die habe ich bewahrt.“ (Jesaja 8,18; Johannes 17,12). O Wunder der erlösenden Liebe! O Wonne jener Stunde, wenn der ewige Vater, die Erlösten anblickt und in ihnen sein Ebenbild sieht, wenn der Missklang der Sünde beseitigt, der Bannfluch gebrochen und das Menschliche wieder mit dem Göttlichen in Einklang gebracht ist!

Mit unaussprechlicher Liebe heißt Jesus seine Getreuen zur „Freude ihres Herrn“ willkommen. Die Freude des Retters aber besteht darin, dass er im Reich der Herrlichkeit die Menschen sieht, die durch sein Leiden und seine Erniedrigung gerettet worden sind. An dieser Freude werden die Erlösten teilhaben, wenn sie unter den Seligen alle jene entdecken, die durch ihre Gebete, ihre Mitarbeit und liebevollen Opfer für Jesus gewonnen wurden. Wenn sie sich um den großen weißen Thron versammeln, wird unsagbare Freude ihre Herzen erfüllen; denn sie erblicken nicht nur die, welche sie zum Herrn gebracht haben, sondern erkennen auch, dass jene wieder andere Menschen gewonnen haben, und diese wiederum andere, die nun alle, in den Hafen der Ruhe gebracht, ihre Kronen zu Jesu Füßen niederlegen und ihn in den endlosen Zeiten der Ewigkeit preisen werden.

Wenn die Erlösten in der Stadt Gottes willkommen geheißen werden, erschallt ein Jubelruf. Der erste und der zweite Adam stehen kurz vor ihrer Begegnung. Der Sohn Gottes wartet mit ausgestreckten Armen, um den Vater unseres Geschlechts zu empfangen: das von ihm geschaffene Wesen, das gegen seinen Schöpfer sündigte, und um dessen Sünden willen der Heiland die Zeichen der Kreuzigung trägt. Wenn Adam die Spuren der grausamen Nägel erkennt, fällt er seinem Herrn nicht an die Brust, sondern wirft sich ihm demütig zu Füßen und ruft: „Würdig, würdig ist das Lamm, das geschlachtet worden ist!“

Liebevoll hebt der Retter ihn auf und lädt ihn ein, erneut seine paradiesische Heimat zu schauen, aus der er so lange verbannt gewesen ist. Nach seiner Vertreibung aus Eden war Adams Leben hier auf Erden voller Kummer: Jedes welkende Blatt, jedes Schlachtopfer, jede sichtbare Zerstörung der schönen Natur, alles, was die Reinheit des Menschen beschmutzte, erinnerte ihn an seine Sünde. Schrecklich war der Schmerz der Reue, als er sah, wie die überhandnehmende Gottlosigkeit ausuferte, und als man ihm die Schuld an der Sünde gab, wenn er vor ihr warnte. Mit geduldiger Demut trug er fast 1.000 Jahre lang die Konsequenzen der Übertretung. Aufrichtig bereute er seine Sünde, vertraute auf die Verdienste des verheißenen Heilandes und starb in der Hoffnung auf eine Auferstehung. Der Sohn Gottes machte das Vergehen des Menschen wieder gut. Nun wird Adam durch das Werk der Versöhnung wieder in seinem ersten Reich eingesetzt.

Hingerissen vor Freude betrachtet er die Bäume, an denen er einst so großen Gefallen hatte. Es sind noch genau dieselben, von denen er in den Tagen seiner Unschuld und seines Glücks Früchte gepflückt hatte. Er sieht die Reben, die er mit eigenen Händen gezogen, dieselben Blumen, die er so gern gepflegt hat. Er beginnt zu begreifen, dass dies kein Traum ist, sondern tatsächlich das wiederhergestellte Eden, viel schöner noch als einst, da er daraus verbannt wurde. Der Heiland führt ihn zum Baum des Lebens, pflückt die herrliche Frucht und lädt ihn ein zu essen. Er schaut um sich und sieht eine große Schar seiner Familie als Erlöste in Gottes Paradies. Dann legt er seine glänzende Krone schnell Jesus zu Füßen, fällt an seine Brust und umarmt den Erlöser. Er greift in die goldene Harfe, und die Gewölbe des Himmels hallen wider vom triumphierenden Gesang: „Würdig, würdig, würdig ist das Lamm, das geschlachtet worden ist und wieder lebt!“ Adams Familie stimmt in den Gesang mit ein, alle legen die Kronen zu den Füßen des Retters nieder und beugen sich huldigend vor ihm.

Die Engel werden Zeuge dieser Wiedervereinigung. Sie hatten über Adams Fall geweint, sich gefreut, als Jesus nach seiner Auferstehung zum Himmel auffuhr, nachdem er das Grab für alle geöffnet hatte, die an seinen Namen glauben würden. Nun sehen sie das Erlösungswerk vollendet und stimmen mit in den Lobgesang ein.

Auf dem Kristallmeer vor dem Thron, jenem gläsernen Meer, das so von Gottes Herrlichkeit glänzt, als wäre es mit Feuer vermengt, steht die Schar derer, „die den Sieg behalten hatten an dem Tier und seinem Bild und seinem Malzeichen und seines Namens Zahl" (Offenbarung 15,2). Auf dem Berg Zion stehen mit dem Lamm die 144.000, die erlöst wurden. Man hört ein Brausen wie starkes Wasserrauschen und ein Grollen wie starkes Donnerrollen. Es sind singende „Harfenspieler, die auf ihren Harfen spielen" (Offenbarung 14,1-3; Offenbarung 15,3). Sie singen „ein neues Lied" vor dem Thron, ein Lied, das niemand lernen kann als allein die 144.000. Es ist das Lied Moses und des Lammes, ein Lied der Befreiung. Warum können nur die 144.000 dieses Lied lernen? Es ist das Lied der Erfahrung, die niemand sonst gemacht hat. Diese sind's, die dem Lamm nachfolgen, wo es hingeht. Sie werden lebendig von der Erde entrückt als Erstlinge Gottes und des Lammes (Offenbarung 14,4). „Diese sind's, die gekommen sind aus großer Trübsal" (Offenbarung 7,14), sie haben die Trübsalszeit erlebt, eine Zeit, wie sie nie auf Erden war, seit Menschen darauf wohnen. Sie haben die Angst der Jakobstrübsal durchlitten und ertrugen die letzte Ausgießung der Gerichte Gottes ohne Vermittler. Aber sie wurden befreit, denn sie „haben ihre Kleider gewaschen und sie haben ihre Kleider weiß gemacht im Blut des Lammes". „In ihrem Mund ist kein Betrug gefunden worden; denn sie sind unsträflich vor dem Thron Gottes." „Darum sind sie vor dem Thron Gottes und dienen ihm Tag und Nacht in seinem Tempel; und der auf dem Thron sitzt, wird sein Zelt aufschlagen über ihnen." (Offenbarung 7,14; 14,5; 7,15). Sie haben gesehen, wie die Erde durch Hungersnot und Seuchen verwüstet wurde, wie die Sonne die Menschen mit großer Hitze quälte. Sie selbst haben Leid, Hunger und Durst erduldet. Aber nun werden sie „nicht mehr hungern noch dürsten; es wird auch nicht auf ihnen lasten die Sonne oder irgendeine Hitze; denn das Lamm mitten auf dem Thron wird sie weiden und leiten zu den Quellen des lebendigen Wassers, und Gott wird abwischen alle Tränen von ihren Augen“ (Offenbarung 7,16.17).

Zu allen Zeiten sind die Auserwählten vom Retter in der Leidensschule erzogen und ausgebildet worden. Sie wanderten auf der Erde über schmale Pfade und wurden im Feuerofen der Not geläutert. Um Jesu willen ertrugen sie Widerstand, Hass und Verleumdung. Sie folgten ihm durch schmerzliche Kämpfe, ertrugen Selbstverleugnung und wurden bitter enttäuscht. Aus ihrer eigenen schmerzlichen Erfahrung lernten sie das Böse der Sünde, ihre Macht, Schuld und ihren Kummer kennen und verabscheuen.

Das Wissen um das unermessliche Opfer, das zu ihrem Heil gebracht wurde, macht sie demütig und erfüllt ihre Herzen mit Lob und Dank. Wesen, die nie gefallen sind, können das nicht wirklich nachvollziehen. Sie lieben viel, weil ihnen viel vergeben wurde. Da sie Jesu Leiden selbst erlebt haben, können sie jetzt auch mit ihm seine Herrlichkeit genießen.

Gottes Erben sind aus Dachkammern, Hütten, Kerkern, vom Schafott, den Bergen, aus Wüsten, Grüften und Meeresgrotten gekommen. Auf Erden sind sie „umhergezogen … sie haben Mangel, Bedrängnis, Misshandlung erduldet“ (Hebräer 11,37). Millionen sind mit Schimpf und Schande ins Grab gestiegen, weil sie sich standhaft weigerten, den trügerischen Forderungen Satans nachzugeben. Von irdischen Gerichten wurden sie zu den gefährlichsten Verbrechern gezählt. Aber jetzt ist Gott Richter (Psalm 50,6). Nun wird das irdische Urteil umgekehrt. „Er wird … aufheben die Schmach seines Volks.“ „Man wird sie nennen das heilige Volk, die Erlösten des Herrn." (Jesaja 25,8; 62,12). Er hat verordnet, dass „ihnen Schmuck für Asche und Freudenöl für Traurigkeit und schöne Kleider für einen betrübten Geist gegeben werden" (Jesaja 61,3). Sie sind nicht mehr schwach, betrübt, zerstreut und unterdrückt. Von nun an sollen sie immer beim Herrn sein. Sie stehen vor dem Thron mit teureren Gewändern, als sie die Vornehmsten auf Erden je anzogen. Sie sind mit herrlicheren Diademen geschmückt, als sie irdische Monarchen je trugen. Die Tage der Schmerzen und des Weinens sind für immer vorbei. Der König der Herrlichkeit hat die Tränen von allen Augen abgewischt. Jede Ursache des Kummers ist beseitigt. Mit ihren Palmwedeln erheben die Erlösten ihre Stimmen zu einem hellen, schönen, harmonischen Lobgesang. Alle Stimmen nehmen die Melodie auf, bis durch die Himmelsgewölbe der Chor braust: „Das Heil ist bei unserem Gott, der auf dem Thron sitzt, und bei dem Lamm!" Und alle Bewohner des Himmels antworten mit dem Zuruf: „Amen, Lob und Herrlichkeit und Weisheit und Dank und Ehre und Macht und Stärke gebührt unserem Gott von Ewigkeit zu Ewigkeit!" (Offenbarung 7,10.12).

In diesem Leben können wir nur bis zu einem gewissen Grad das wunderbare Motiv der Erlösung begreifen. Mit unserem beschränkten Verstand können wir zwar intensiv über Schande und Herrlichkeit, Leben und Tod, Gerechtigkeit und Gnade nachdenken, die sich am Kreuz begegnen, aber uns fehlt – trotz äußerster Anstrengung – doch die nötige Geistesstärke, um die volle Bedeutung dieses Themas zu erfassen. Die unermessliche Größe der erlösenden Liebe wird nur dunkel begriffen. Der Erlösungsplan wird selbst dann nicht völlig verstanden werden, wenn die Erlösten sehen, wie sie gesehen, und erkennen, wie sie erkannt werden. Sondern durch alle Ewigkeit hindurch werden dem staunenden und begeisterten Herzen immer neue Wahrheiten offenbart werden. Obwohl der Kummer, die Schmerzen und Versuchungen der Erde zu Ende sind und ihre Wurzel entfernt ist, wird es Gottes Volk doch stets klar und deutlich bewusst sein, was ihre Seligkeit gekostet hat.

Die Erlösten werden in alle Ewigkeit über die Tat Jesu am Kreuz nachdenken und davon singen. In dem verherrlichten Christus werden sie den gekreuzigten Christus sehen, den, der mit seiner Macht die unzähligen Welten in den Weiten des Universums schuf und erhielt, Gottes Liebling, die Majestät des Himmels, den, den Cherubim und glänzende Seraphim voller Freude verehrten. Nie werden sie vergessen, dass er sich erniedrigte, um den gefallenen Menschen zu erhöhen; dass er die Schuld und Schande der Sünde erduldete und ertrug, wie sich das Angesicht seines Vaters vor ihm verbarg, bis ihm der Kummer über eine verlorene Welt das Herz brach und sein Leben am Kreuz von Golgatha erlosch. In alle Ewigkeit wird das Weltall darüber staunen, dass der Schöpfer aller Welten, der Richter aller Geschicke seine Herrlichkeit ablegte und sich aus Liebe zu den Menschen so sehr demütigte. Wenn die Scharen der Geretteten auf ihren Erlöser sehen und die ewige Herrlichkeit des Vaters in seinem Angesicht erblicken, wenn sie seinen Thron sehen, der von Ewigkeit zu Ewigkeit gegründet ist, und wissen, dass sein Reich kein Ende nehmen wird, brechen sie in den begeisterten Gesang aus: „Würdig, würdig ist das Lamm, das geschlachtet worden ist und uns mit Gott versöhnt hat durch sein teures Blut.“

Das Geheimnis des Kreuzes erklärt alle anderen Geheimnisse. Im Licht von Golgatha werden Gottes Eigenschaften, die uns vorher mit Furcht und Scheu erfüllt haben, wunderschön und attraktiv. Gnade, Freundlichkeit und väterliche Liebe decken sich plötzlich mit Heiligkeit, Gerechtigkeit und Macht. Während wir den Glanz seines hohen und erhabenen Throns betrachten, erkennen wir seinen Charakter in seinen gnädigen Ausdrucksformen und verstehen wie nie zuvor die Bedeutung des teuren Namens: unser Vater.

Es wird sich zeigen, dass der an Weisheit Unendliche keinen anderen Plan für unser Heil hätte ersinnen können, als die Opferung seines Sohnes. Der Lohn für dieses Opfer ist die Freude, die Erde mit erlösten, heiligen, glücklichen und unsterblichen Wesen zu bevölkern. Als Folge des Kampfes unseres Heilands mit den Mächten der Finsternis dürfen sich die Erlösten freuen und Gott in alle Ewigkeit verherrlichen. Der Wert jeder Seele ist so groß, dass der bezahlte Preis dem Vater nicht zu teuer war und auch Jesus ist zufrieden, wenn er die Früchte seines großen Opfers sieht.

Die Verwüstung der Erde

„Ihre Sünden reichen bis in den Himmel, und Gott denkt an ihren Frevel … Bezahlt ihr, wie sie bezahlt hat, und gebt ihr zweifach zurück nach ihren Werken! Und in den Kelch, in den sie euch eingeschenkt hat, schenkt ihr zweifach ein! Wie viel Herrlichkeit und Üppigkeit sie gehabt hat, so viel Qual und Leid schenkt ihr ein! Denn sie spricht in ihrem Herzen: Ich throne hier und bin eine Königin und bin keine Witwe, und Leid werde ich nicht sehen. Darum werden ihre Plagen an einem Tag kommen, Tod, Leid und Hunger, und mit Feuer wird sie verbrannt werden; denn stark ist Gott der Herr, der sie richtet. Und es werden sie beweinen und beklagen die Könige auf Erden, die mit ihr gehurt und geprasst haben, wenn sie sehen werden den Rauch von ihrem Brand, in dem sie verbrennt. Sie werden fernab stehen aus Furcht vor ihrer Qual und sprechen: Weh, weh, du große Stadt Babylon, du starke Stadt, in einer Stunde ist dein Gericht gekommen!“ (Offenbarung 18,5-10).

„Die Kaufleute auf Erden sind reich geworden von ihrer großen Üppigkeit“ und „werden fernab stehen aus Furcht vor ihrer Qual, werden weinen und klagen: Weh, weh, du große Stadt, die bekleidet war mit feinem Leinen und Purpur und Scharlach und geschmückt war mit Gold und Edelsteinen und Perlen, denn in einer Stunde ist verwüstet solcher Reichtum!“ (Offenbarung 18,3.15-17).

Das sind die Gerichte, die auf Babylon an dem Tag fallen, wenn sie Gottes Zorn schmecken wird. Das Maß ihrer Bosheit ist voll, ihre Zeit ist gekommen, sie ist reif für die Zerstörung.

Wenn Gottes Stimme die Gefangenschaft seines Volkes wendet, gibt es ein schreckliches Erwachen für jene, die im großen

Lebenskampf alles verloren haben. Während der Gnadenzeit ließen sie sich von Satans Täuschungen blenden und rechtfertigten ihren sündhaften Lebenswandel. Die Reichen brüsteten sich mit ihrer Überlegenheit über die weniger Begünstigten, obwohl sie ihre Reichtümer erworben hatten, indem sie Gottes Gesetz übertraten. Sie hatten es unterlassen, die Hungrigen zu speisen, die Nackten zu kleiden, gerecht zu handeln und barmherzig zu sein. Sie hatten versucht, sich selbst zu erhöhen und die Huldigung ihrer Mitmenschen zu erlangen. Nun sind sie alles los, was sie groß machte. Jetzt sind sie mittel- und wehrlos. Mit Schrecken sehen sie, wie ihre Götzen vernichtet werden, die sie dem Schöpfer vorgezogen haben. Sie haben ihre Seelen für irdische Reichtümer und Freuden verkauft und sich nicht darum bemüht, in Gottes Augen reich zu werden. Die Folge: Ihr Leben ist ein Fehlschlag, aus ihrem Vergnügen ist Bitterkeit, aus ihren Schätzen Schutt und Schrott geworden. Der Gewinn eines ganzen Lebens wird in einem einzigen Augenblick hinweggerafft. Sie bejammern die Zerstörung ihrer Häuser, den Verlust ihrer Gold- und Silberschätze. Doch ihre Klagen verstummen aus Angst, dass sie selbst mit ihren Götzen umkommen müssen.

Die Frevler werden von Reue gepackt, nicht weil sie Gott und ihre Mitmenschen vernachlässigten und gegen sie sündigten, sondern weil Gott gesiegt hat. Sie beklagen die Folgen, doch ihre Bosheit bereuen sie nicht. Wenn sie könnten, würden sie kein Mittel unversucht lassen, um zu siegen.

Die Welt wird Zeuge, wie genau die Menschen, die man verspottet und verlacht hat und ausrotten wollte, unbeschadet durch Seuchen, Stürme und Erdbeben gehen. Der die Übertreter seines Gesetzes wie ein Feuer verzehrt, ist für sein Volk eine Schutzhütte.

Der Prediger, der der Wahrheit den Rücken kehrte, um Menschengunst zu gewinnen, erkennt jetzt den Charakter und den Einfluss seiner Lehren. Es wird deutlich, dass ihm ein allwissendes Auge folgte, als er auf der Kanzel stand, in den Straßen umherlief oder in den verschiedenen Lebensumständen mit den Menschen in Berührung kam. Jede Seelenregung, jede geschriebene Zeile, jedes gesprochene Wort, jede Tat, die Menschen in falscher Zuversicht wiegte, war ein ausgestreuter Same, und in den elenden, verlorenen Menschen um sich her erblickt er nun die Ernte.

Der Herr sagt: Sie „trösten mein Volk in ihrem Unglück, dass sie es gering achten sollen, und sagen: Friede! Friede!, und ist doch nicht Friede." „Weil ihr das Herz der Gerechten betrübt habt, die ich nicht betrübt habe, und die Hände der Gottlosen gestärkt habt, damit sie sich von ihrem bösen Wandel nicht bekehren, um ihr Leben zu retten." (Jeremia 8,11; Hesekiel 13,22). „Weh euch Hirten, die ihr die Herde meiner Weide umkommen lasst und zerstreut! ... Siehe, ich will euch heimsuchen um eures bösen Tuns willen." „Heult, ihr Hirten, und schreit, wälzt euch in der Asche, ihr Herren der Herde; denn die Zeit ist erfüllt, dass ihr geschlachtet ... werdet ... Und die Hirten werden nicht fliehen können, und die Herren der Herde werden nicht entrinnen können." (Jeremia 23,1.2; 25,34.35). Prediger und Volk sehen, dass sie nicht das richtige Verhältnis zu Gott gehabt haben. Sie erkennen, dass sie sich gegen den Urheber des vollkommen gerechten und rechtschaffenen Gesetzes aufgelehnt haben. Ihre Missachtung der göttlichen Vorschriften gab tausende Male Anlass zum Bösen, zu Zwietracht, Hass und Ungerechtigkeit, bis die Erde ein gigantisches Schlachtfeld, ein Sumpf der Verderbens wurde. Das wird denen, welche die Wahrheit verwarfen und den Irrtum pflegten, jetzt bewusst. Keine Sprache ist in der Lage die Sehnsucht auszudrücken, die die Ungehorsamen und Treulosen nach dem empfinden, was sie für immer verloren haben: dem ewigen Leben. Menschen, die von der Welt wegen ihrer Gaben und Beredsamkeit verehrt wurden, sehen nun diese Dinge in ihrem eigentlichen Licht. Sie erkennen, was sie durch Übertretung verwirkt haben, und werfen sich denen zu Füßen, deren Treue sie verachtet und verspottet haben, und geben zu, dass Gott sie liebt.

Das Volk sieht, dass es hintergangen wurde. Einer beschuldigt den anderen, ihn ins Verderben geführt zu haben; alle aber verdammen erbittert die Geistlichen. Untreue Hirten haben angenehme Dinge geweissagt, haben ihre Zuhörer dazu verleitet, Gottes Gesetz nichtig zu machen und die zu verfolgen, die es hielten. In ihrer Verzweiflung bekennen sie jetzt vor der Welt, dass sie sie getäuscht haben. Die Menge wird rasend. „Wir sind verloren!", schreit sie, „und ihr seid die Ursache unseres Untergangs." Sie wendet sich gegen die falschen Hirten. Ihre größten Bewunderer werden die furchtbarsten Verwünschungen über sie aussprechen. Dieselben Hände, die sie einst mit Lorbeeren krönten, werden sich erheben, um sie zu vernichten. Die Waffen, die Gottes Volk töten sollten, werden nun dessen Feinde umbringen. Überall herrschen Streit und Blutvergießen.

„Der Herr wird von der Höhe herab brüllen und seine Stimme erschallen lassen aus seiner heiligen Wohnung; er wird laut brüllen über seine Weide hin, ein Lied wie die Keltertreter wird er anstimmen über alle Bewohner der Erde." (Jeremia 25,30.31). Sechstausend Jahre hat der große Kampf gedauert. Gottes Sohn und seine himmlischen Boten haben gegen die Macht des Bösen gestritten, um die Menschenkinder zu warnen, zu erleuchten und zu retten. Nun haben alle ihre Entscheidung getroffen. Die Gottlosen haben sich ganz mit Satan vereint im Kampf gegen Gott. Für Gott ist die Zeit gekommen, die Autorität seines mit Füßen getretenen Gesetzes wiederherzustellen. Die Kontroverse wird nicht allein mit Satan geführt, sondern auch mit Menschen. „Der Herr hat zu rechten mit den Heiden", „die Gottlosen wird er dem Schwert übergeben."

Alle, „die da seufzen und jammern über alle Gräuel, die … geschehen", sind mit dem Rettungszeichen versehen worden. Nun geht der Todesengel aus, symbolisiert im Gesicht Hesekiels durch

Männer mit Mordwaffen, die den Auftrag erhalten: „Erschlagt Alte, Jünglinge, Jungfrauen, Kinder und Frauen, schlagt alle tot; aber die das Zeichen an sich haben, von denen sollt ihr keinen anrühren. Fangt aber an bei meinem Heiligtum!" Der Prophet sagt: „Und sie fingen an bei den Ältesten, die vor dem Tempel waren." (Hesekiel 9,1-6). Das Vernichtungswerk beginnt bei denen, die vorgaben, die geistlichen Hüter des Volkes zu sein. Die falschen Wächter sind die ersten, die fallen. Keiner wird bemitleidet, keiner verschont. Männer, Frauen, Jugendliche und Kinder kommen miteinander um.

„Der Herr wird von seinem Ort ausgehen, um die Bosheit der Erdenbewohner an ihnen heimzusuchen; und die Erde wird das auf ihr vergossene Blut offenbaren und die auf ihr Erschlagenen nicht länger verbergen." (Jesaja 26,2). „Und dies wird die Plage sein, mit der der Herr alle Völker schlagen wird, die gegen Jerusalem in den Kampf gezogen sind: Ihr Fleisch wird verwesen, während sie noch auf ihren Füßen stehen, und ihre Augen werden in ihren Höhlen verwesen und ihre Zungen im Mund. Zu der Zeit wird der Herr eine große Verwirrung unter ihnen anrichten, sodass einer den andern bei der Hand packen und seine Hand wider des andern Hand erheben wird." (Sacharja 14,12.13). In dem wilden Kampf ihrer eigenen grimmigen Leidenschaften und durch das schreckliche Ausgießen des unvermischten Gotteszornes fallen die boshaften Erdbewohner: Priester, Machthaber und das Volk, Reich und Arm, Hoch und Niedrig. „Da werden die Erschlagenen des Herrn zu derselben Zeit liegen von einem Ende der Erde bis ans andere Ende; die werden nicht beklagt noch aufgehoben noch begraben werden." (Jeremia 25,33).

Bei Jesu Wiederkunft werden die Gottlosen von der ganzen Erde vertilgt, verzehrt vom Geist seines Mundes und vernichtet durch den Glanz seiner Herrlichkeit. Jesus holt sein Volk in Gottes Stadt, er evakuiert die Erde. „Siehe, der Herr macht das

Land leer und wüst und wirft um, was darin ist, und zerstreut seine Einwohner … Das Land wird leer und beraubt sein; denn der Herr hat solches geredet … denn sie übertreten das Gesetz und ändern die Gebote und lassen fahren den ewigen Bund. Darum frisst der Fluch das Land; denn sie verschulden's, die darin wohnen. Darum verdorren die Einwohner des Landes." (Jesaja 24,1.3.5.6).

Die ganze Welt sieht aus wie eine öde Wüste. Ruinen der vom Erdbeben zerstörten Städte und Dörfer, entwurzelte Bäume, raue, vom Meer ausgestoßene oder aus der Erde herausgeworfene Felsen liegen auf der Oberfläche verstreut, während gähnende Abgründe die Orte kennzeichnen, wo die Berge aus ihren Grundfesten gerissen wurden.

Jetzt findet das Ereignis statt, auf das die letzte feierliche Handlung des Versöhnungstages hinwies. Nachdem der Dienst im Allerheiligsten vollendet und die Sünden Israels durch das Opferblut aus dem Heiligtum entfernt worden waren, wurde der Sündenbock lebend vor den Herrn gebracht. Vor dem Volk legte der Hohepriester auf den lebenden Bock „alle Missetat der Kinder Israel und alle ihre Übertretung in allen ihren Sünden" (3. Mose 16,21). Auf die gleiche Weise werden, wenn das Versöhnungswerk im himmlischen Heiligtum vollendet ist, vor Gott, den heiligen Engeln und der Schar der Erlösten die Sünden von Gottes Volk auf Satan gelegt. Er wird alles Bösen für schuldig erklärt werden, das er veranlasst hat. Und wie der lebende Bock in eine unbewohnte Gegend gejagt wurde, so wird Satan auf die verwüstete Erde verbannt werden, in eine unbewohnte, öde Wildnis.

Jesus prophezeit Satans Verbannung sowie das Chaos und die Verödung, die dann auf der Erde herrschen würden und erklärt, dass dieser Zustand tausend Jahre lang bestehen würde. Nach Schilderung der Ereignisse bei der Wiederkunft des Herrn und beim Untergang der Gottlosen fährt der Schreiber der Offenbarung fort: „Ich sah einen Engel vom Himmel fahren, der hatte den Schlüssel zum Abgrund und eine große Kette in seiner Hand. Und er griff den Drachen, die alte Schlange, welche ist der Teufel und Satan, und band ihn 1.000 Jahre und warf ihn in den Abgrund und verschloss ihn und versiegelte obendrauf, dass er nicht mehr verführen sollte die Heiden, bis dass vollendet würden 1.000 Jahre; und danach muss er los werden eine kleine Zeit." (Offenbarung 20,1-3).

Dass der Ausdruck „Abgrund" die Erde in einem Zustand der Verwirrung und Finsternis beschreibt, wird aus anderen Schriftstellen ersichtlich. Über den Zustand der Erde „am Anfang" sagt der biblische Bericht: „Die Erde war wüst und leer, und es war finster auf der Tiefe." (1. Mose 1,2). [Das hier mit „Tiefe" übersetze Wort ist in der Septuaginta das gleiche, wie das in Offenbarung 20,3 mit „Abgrund" wiedergegebene]. Die Prophezeiung lehrt uns, dass die Erde wenigstens teilweise in diesen Zustand zurückversetzt werden wird. Im Hinblick auf den großen Tag Gottes erklärt der Prophet Jeremia: „Ich schaute zur Erde – doch siehe, sie war wüst und leer! und zum Himmel – aber sein Licht war verschwunden! Ich schaute die Berge an – doch siehe, sie erbebten und alle Hügel schwankten! Ich schaute – und siehe, da war kein Mensch mehr, und alle Vögel des Himmels waren verschwunden! Ich schaute – und siehe, das fruchtbare Land war zur Wüste geworden, und alle seine Städte waren zerstört." (Jeremia 4,23-26).

Diese Einöde soll eintausend Jahre lang die Heimat Satans mit seinen bösen Engeln sein. Auf die Erde beschränkt, wird er keinen Zugang zu anderen Welten haben, um die zu versuchen und zu belästigen, die nie gefallen sind. In diesem Sinne ist er gebunden. Niemand ist zurückgeblieben, an dem er seine Macht auslassen könnte. Er wird völlig an seinem Täuschungs- und Zerstörungswerk gehindert, das so viele Jahrhunderte lang seine einzige Freude gewesen ist.

Der Prophet Jesaja ruft über den Fall Satans aus: „Wie bist du vom Himmel gefallen, du schöner Morgenstern! Wie wurdest du zu Boden geschlagen, der du alle Völker niederschlugst! Du aber gedachtest in deinem Herzen: ‚Ich will in den Himmel steigen und meinen Thron über die Sterne Gottes erhöhen; ich will … gleich sein dem Allerhöchsten.' Ja, hinunter zu den Toten fuhrst du, zur tiefsten Grube! Wer dich sieht, wird auf dich schauen, wird dich ansehen und sagen: ‚Ist das der Mann, der die Welt zittern und die Königreiche beben machte, der den Erdkreis zur Wüste machte und seine Städte zerstörte und seine Gefangenen nicht … entließ?'" (Jesaja 14,12-17).

Sechstausend Jahre lang ließ Satans Rebellion „die Welt zittern". Er ist es, „der den Erdkreis zur Wüste machte und seine Städte zerstörte". Und er entließ „seine Gefangenen nicht". Sechstausend Jahre lang war das Volk Gottes in seinem Gefängnis festgesetzt. Dort hätte er es auf ewig gefangen gehalten, doch Jesus hat die Fesseln gesprengt und den Gefangenen zur Freiheit verholfen.

Selbst die Frevler befinden sich jetzt außerhalb Satans Macht. Allein mit seinen bösen Engeln erlebt er die Wirkung des Fluches, den die Sünde über die Erde brachte. „Die Könige der Völker liegen jeder in seiner heimatlichen Gruft in Ehren; doch du wurdest fernab von deinem Grab wie unnützes Unkraut weggeworfen und mit Erschlagenen bedeckt, die auf dem Schlachtfeld fielen und wie zertretenes Aas in die Grube geworfen werden. Du wirst nicht wie die anderen Könige deiner Vorfahren begraben werden, denn du hast dein Land zu Grunde gerichtet und dein Volk umgebracht." (Jesaja 14,18-20 Neues Leben).

Tausend Jahre lang wird Satan auf der verwüsteten Erde umherwandern, um die Folgen seiner Empörung gegen Gottes Gesetz zu betrachten. Während dieser Zeit sind seine Qualen riesig. Seit seinem Fall hat er durch seine rastlose Tätigkeit kaum nachgedacht, aber nun, seiner Macht enthoben, bleibt ihm nur noch, über die Rolle nachzusinnen, die er gespielt hat, seit er sich zuerst gegen die Herrschaft des Himmels auflehnte. Mit Zittern und Schrecken sieht er der furchtbaren Zukunft entgegen, wo er für alles Böse leiden und für die Sünden, die er verursacht hat, bestraft werden muss.

Gottes Volk wird die Tatsache, dass Satan gefangen ist, mit Freude und Jubel erfüllen. Der Prophet sagt: „Und zu der Zeit, wenn dir der Herr Ruhe geben wird von deinem Jammer und Leid und von dem harten Dienst, in dem du gewesen bist, wirst du dies Lied anheben gegen den König von Babel [der hier Satan darstellt] und sagen: Wie ist's mit dem Treiber sogar aus … Der Herr hat den Stock der Gottlosen zerbrochen, die Rute der Herrscher. Der schlug die Völker im Grimm ohne Aufhören und herrschte mit Wüten über die Nationen und verfolgte ohne Erbarmen." (Jesaja 14,3-6).

Während der tausend Jahre zwischen der ersten und zweiten Auferstehung findet das Gericht über die Gottlosen statt. Der Apostel Paulus bezeichnet dieses Gericht als ein Ereignis, das nach der Wiederkunft Christi stattfindet: „Darum richtet nicht vor der Zeit, bis der Herr komme, welcher auch wird ans Licht bringen, was im Finstern verborgen ist, und den Rat der Herzen offenbaren." (1. Korinther 4,5).

Daniel erklärt, dass der Alte kam, „und den Heiligen des Allerhöchsten das Gericht übergab" (Daniel 7,22). Um diese Zeit herrschen die Gerechten als Könige und Priester Gottes. Johannes erklärt in der Offenbarung: „Und ich sah Throne und sie setzten sich darauf, und ihnen wurde das Gericht übergeben … Sie werden Priester Gottes und Christi sein und mit ihm regieren 1000 Jahre." (Offenbarung 20,4.6). Zu dieser Zeit werden, wie Paulus vorausgesagt hat, „die Heiligen die Welt richten" (1. Korinther 6,2). Mit Jesus gemeinsam richten sie über die Gottlosen, indem sie deren Taten mit dem Gesetzbuch, der Bibel, vergleichen und jeden Fall nach den zu Lebzeiten geschehenen Werken entscheiden. Dann wird ihnen die Strafe, die sie erleiden müssen, nach ihren Werken zugemessen und neben ihren Namen ins Todesbuch eingetragen.

Auch Satan und die bösen Engel werden von Jesus und seinem Volk gerichtet. Paulus sagt: „Wisst ihr nicht, dass wir über die Engel richten werden?“ (1. Korinther 6,3). Und Judas erklärt: „Die Engel, die ihr Fürstentum nicht bewahrten, sondern verließen ihre Behausung, hat er behalten zum Gericht des großen Tages mit ewigen Banden in der Finsternis.“ (Judas 6). Am Ende der tausend Jahre wird die zweite Auferstehung stattfinden. Dann werden die Gottlosen vom Tod auferweckt werden und vor Gott zur Vollstreckung des geschriebenen Urteils erscheinen. So heißt es in der Offenbarung, nachdem die Auferstehung der Gerechten beschrieben wurde, weiter: „Die andern Toten aber wurden nicht wieder lebendig, bis dass 1000 Jahre vollendet wurden.“ (Offenbarung 20,5). Und Jesaja erklärt über die Gottlosen, „dass sie versammelt werden als Gefangene in die Grube und verschlossen werden im Kerker und nach langer Zeit wieder heimgesucht werden.“ (Jesaja 24,22).

Des Kampfes Ende

Am Ende der tausend Jahre kommt Jesus wieder auf die Erde. Die Schar der Erlösten und ein Gefolge von Engeln begleiten ihn. Während er in grandioser Majestät herabkommt, befiehlt er den gottlosen Toten aufzustehen, um ihr Urteil zu empfangen. Sie stehen auf, eine riesige Schar, zahllos wie der Sand am Meer. Welch ein Gegensatz zu denen, die bei der ersten Auferstehung aufgeweckt wurden! Die Gerechten waren mit unsterblicher Jugend und Schönheit bekleidet, die Gottlosen aber tragen die Spuren der Krankheit und des Todes.

Jedes Auge in dieser ungeheuer großen Menge erblickt die Herrlichkeit des Sohnes Gottes, und einstimmig rufen diese gottlosen Scharen aus: „Gelobt sei, der da kommt im Namen des Herrn!“ (Matthäus 23,39). Es ist nicht die Liebe zu Jesus, die sie diese Worte ausrufen lässt. Die nackte Wahrheit veranlasst sie zu diesem Bekenntnis. Genauso wie die Gottlosen ins Grab gingen, so kommen sie auch heraus: mit derselben Feindseligkeit gegen Jesus und demselben Geist der Empörung. Ihnen wird keine neue Gnadenzeit gegeben, in der sie die Fehler ihres vergangenen Lebens wiedergutmachen können. Dadurch würde nichts gewonnen. Ein Leben voll Übertretung hat ihre Herzen nicht erweicht. Eine zweite Gnadenzeit, falls sie ihnen gewährt würde, brächten sie lediglich wie die erste zu: Sie würden Gottes Gebote missachten und zur Rebellion gegen ihn anstiften.

Jesus kommt auf den Ölberg herab, von wo er nach seiner Auferstehung zum Himmel auffuhr, und wo die Engel seine Wiederkunftsverheißung wiederholten. Der Prophet sagt: „Da wird dann kommen der Herr, mein Gott, und alle Heiligen mit dir.“ „Und seine Füße werden stehen zu der Zeit auf dem

Ölberg, der vor Jerusalem liegt gegen Morgen. Und der Ölberg wird sich mitten entzweispalten … sehr weit voneinander … Und der Herr wird König sein über alle Lande. Zu der Zeit wird der Herr nur einer sein und sein Name nur einer.“ (Sacharja 14,5.4.9). Wenn das neue Jerusalem in seinem überwältigenden Glanz vom Himmel herniederkommt, landet es auf dem dafür gereinigten und zum Empfang vorbereiteten Platz. Dann wird Jesus mit seinem Volk und den Engeln in die heilige Stadt einziehen.

Nun bereitet sich Satan auf den letzten mächtigen Kampf um die Herrschaft vor. Ohne Macht und an seinem Täuschungswerk gehindert, war der Fürst des Bösen elend und niedergeschlagen. Nachdem jedoch die gottlosen Toten wieder auferweckt sind und er die ungeheuer große Schar auf seiner Seite erblickt, kehrt seine Hoffnung zurück. Er ist entschlossen, den großen Kampf nicht aufzugeben. Er will alle Verlorenen unter seine Fahne rufen und mit ihrer Hilfe versuchen, seine Pläne auszuführen. Die Gottlosen sind Satans Gefangene. Indem sie Jesus verwarfen, haben sie die Herrschaft des Rebellenführers akzeptiert. Sie sind bereit, seinen Vorschlägen zu folgen und seine Befehle auszuführen. Seiner früheren Arglist getreu, gibt er sich jedoch nicht als Satan zu erkennen. Er behauptet, der Friedefürst zu sein, der rechtmäßige Eigentümer der Welt. Ihm sei das Erbe auf unrechtmäßige Weise entrissen worden. Er stellt sich seinen betörten Untertanen als Erlöser vor und versichert ihnen, seine Macht habe sie aus ihren Gräbern hervorgeholt. Jetzt sei er im Begriff, sie von der grausamsten Gewaltherrschaft zu befreien. Da Jesus sich von ihnen zurückgezogen hat, wirkt Satan Wunder, um seine Ansprüche zu stützen. Er stärkt die Schwachen und beseelt alle mit seinem Geist und seiner Tatkraft. Er schlägt vor, sie gegen das Lager der Heiligen zu führen und gemeinsam die Stadt Gottes einzunehmen. In teuflischer Begeisterung zeigt er auf die unzähligen Millionen Menschen, die von den Toten auferweckt wurden, und erklärt, dass er als ihr Führer wohl in der Lage sei, die Stadt zu erobern und seinen Thron und sein Reich zurückzugewinnen.

Unter jener großen Menge befinden sich viele vom langlebigen Geschlecht vor der Sintflut; Menschen von stattlichem Körperbau und ungeheurem Verstand, die sich von den gefallenen Engeln leiten ließen und alle ihre Geschicklichkeit und Kenntnisse für ihre eigene Karriere einsetzten; Menschen, deren wunderbare Kunstwerke die Welt dazu verleitete, ihre Fähigkeiten zu vergöttern. Ihre Grausamkeit und teuflischen Erfindungen jedoch veranlassten Gott, sie für immer aus seiner Schöpfung zu vertilgen, weil sie die Erde verunreinigt und das Bild Gottes entstellt hatten. Darunter sind Könige und Feldherren, die Völker besiegten, tapfere Männer, die nie eine Schlacht verloren haben; stolze, ehrgeizige Krieger, deren Heranrücken Königreiche zittern ließ. Der Tod hat sie ja nicht verändert. Aus dem Grab hervorgekommen, nehmen sie ihren Gedankengang da wieder auf, wo er einst unterbrochen wurde. Die Gier nach Eroberung beherrscht sie genauso wie damals, als sie fielen.

Satan berät sich mit seinen Engeln und dann mit diesen Königen, Eroberern und Mächtigen. Sie betrachten die zahlenmäßige Stärke ihrer Seite und erklären, dass das Heer innerhalb der Stadt, verglichen mit ihrem, klein sei und dass es überwunden werden könne. Sie arbeiten Pläne aus, um Reichtum und Pracht des Neuen Jerusalems zu erobern. Sofort fangen alle an, sich auf den Kampf vorzubereiten. Geschickte Handwerker stellen Kriegsgeräte her. Militärische Führer, einst berühmt wegen ihres Erfolges, ordnen die Scharen kriegstüchtiger Menschen in Truppenverbände und Regimente.

Schließlich wird der Befehl zum Vorrücken gegeben, und die gewaltige Schar bewegt sich vorwärts, ein Heer, wie keines je von irdischen Eroberern befehligt wurde, ein Heer, an das die vereinten Streitkräfte aller Zeitalter, seit es Kriege auf Erden gab, niemals heranreichen. Satan, der mächtigste Krieger, geht voraus, und seine Engel sammeln ihre Heere zum letzten Kampf. Könige und Krieger umgeben Satan, und die Massen folgen in großen Kompanien, jede unter ihrem ernannten Anführer. Mit militärischer Präzision rücken die dicht gedrängten Reihen über die zerborstene und unebene Fläche gegen die Stadt Gottes vor. Auf Jesu Befehl werden die Tore des neuen Jerusalems geschlossen. Die Heere Satans umgeben die Stadt und bereiten sich auf den Angriff vor.

Erst jetzt zeigt sich Jesus wieder den Feinden. Hoch über der Stadt auf einem Fundament aus poliertem Gold steht ein hoher und erhabener Thron. Auf diesem Thron sitzt der Sohn Gottes, umgeben von den Untertanen seines Reiches. Jesu Macht und Erhabenheit lässt sich nicht in Worte fassen oder beschreiben. Die Herrlichkeit des ewigen Vaters umhüllt seinen Sohn. Der Glanz seiner Gegenwart erfüllt die Stadt Gottes, scheint bis vor die Tore hinaus und überflutet die ganze Erde mit ihrer Strahlenpracht.

Neben dem Thron stehen die, welche einst leidenschaftlich für Satans Sache gekämpft hatten, die aber – wie Brandscheite aus dem Feuer errettet – dann ihrem Retter mit tiefer, inniger Hingabe gefolgt sind. Neben diesen befinden sich jene, die inmitten von Betrug und Unglauben einen vollkommenen christlichen Charakter entwickelt haben, die das Gesetz Gottes ehrten, als die christliche Welt es für null und nichtig erklärte, und die Millionen aus allen Zeitaltern, die um ihres Glaubens willen litten. Zudem ist hier die „große Schar, welche niemand zählen konnte, aus allen Heiden und Völkern und Sprachen, vor dem Thron stehend und vor dem Lamm, angetan mit weißen Kleidern und Palmen in ihren Händen“ (Offenbarung 7,9). Ihr Kampf ist zu Ende, der Sieg errungen. Sie sind das Rennen gelaufen und haben den Preis gewonnen. Der Palmwedel in ihrer Hand ist das Sinnbild ihres Sieges, das weiße Kleid ein Zeichen der fleckenlosen Gerechtigkeit Jesu, die nun ihnen gehört. Die Erlösten stimmen einen Lobgesang an, der durch die Gewölbe des Himmels schallt und widerhallt: „Heil sei dem, der auf dem Thron sitzt, unserm Gott und dem Lamm!" Und Engel und Seraphim vereinen ihre Stimmen in Anbetung. Nachdem die Erlösten die Macht und Bosheit Satans gesehen haben, erkennen sie wie nie zuvor, dass keine andere Macht als die des Gottessohnes sie zum Sieg führen konnte. In der ganzen glänzenden Schar befindet sich niemand, der sich die Errettung selbst zuschreiben könnte, als hätte er durch seine eigene Kraft und Tüchtigkeit überwunden. Nichts sagen sie von dem, was sie getan oder gelitten haben. Vielmehr lautet der Schwerpunkt jeden Liedes, der Tenor jeder Hymne: Das Heil ist bei unserem Gott und dem Lamm!

In Gegenwart der versammelten Bewohner der Erde und des Himmels findet die endgültige Krönung des Gottessohnes statt. Mit höchster Majestät und Autorität spricht dann der König der Könige das Urteil über die Empörer gegen seine Regierung und übt Gerechtigkeit an denen, die sein Gesetz übertreten und sein Volk unterdrückt haben. Der Prophet Gottes sagt: „Und ich sah einen großen, weißen Thron und den, der darauf saß; vor seinem Angesicht flohen die Erde und der Himmel, und es wurde keine Stätte für sie gefunden. Und ich sah die Toten, Groß und Klein, stehen vor dem Thron, und Bücher wurden aufgetan. Und ein andres Buch wurde aufgetan, welches ist das Buch des Lebens. Und die Toten wurden gerichtet nach dem, was in den Büchern geschrieben steht, nach ihren Werken." (Offenbarung 20.11.12).

Sobald die Bücher geöffnet werden und Jesu Auge auf die Frevler blickt, sind sie sich jeder Sünde bewusst, die sie jemals begangen haben. Sie sehen dann, wo ihr Fuß vom reinen und heiligen Pfad abwich, wie weit Stolz und Rebellion sie bewogen, Gottes Gesetz zu übertreten. Die verlockenden Versuchungen, die sie noch förderten, indem sie sich der Sünde hingaben, die missbrauchten Segnungen, die Verachtung der Boten Gottes, die in den Wind geschlagenen Warnungen, die Wogen der Barmherzigkeit, die an ihren harten, unbußfertigen Herzen wirkungslos abprallten – alles steht vor ihren Augen wie mit feurigen Buchstaben geschrieben.

Über dem Thron wird das Kreuz sichtbar, und wie in einem Panorama erscheinen die Szenen von Adams Versuchung und Sündenfall sowie die weiteren Stationen im großen Erlösungsplan: die Geburt des Retters in Armut, sein einfaches Leben und sein Gehorsam in seiner Jugend; seine Taufe im Jordan; das Fasten und die Versuchung in der Wüste; sein öffentliches Wirken, wie er den Menschen die kostbaren Segnungen des Himmels entfaltete; die mit Taten der Liebe und Barmherzigkeit gekrönten Tage; die durchwachten Nächte des Gebets in der Einsamkeit der Berge; die Verschwörungen der Neider, Hasser und Zürner, die sich aufgrund seiner Wohltaten gegen ihn stellten; das entsetzliche, geheimnisvolle Ringen in Gethsemane mit der erdrückenden Sündenlast der ganzen Welt; seine Auslieferung an den mörderischen Mob; die furchtbaren Ereignisse jener Schreckensnacht: der widerstandslose Gefangene, verlassen von seinen meistgeliebten Jüngern, gewaltsam durch die Straßen Jerusalems gezerrt; Gottes Sohn, triumphierend dem Hannas vorgeführt, im Palast des Hohepriesters vor Gericht gestellt, am Gerichtshof des Pilatus und vor dem feigen und grausamen Herodes verhöhnt, geschmäht, gegeißelt, und schließlich zum Tod verurteilt – alles wird vor ihren Augen lebendig.

Und dann werden der bebenden Menge die letzten Szenen gezeigt: Wie sich der geduldig Leidende nach Golgatha schleppt, der Himmelsfürst am Kreuz hängt, die hochmütigen Priester und der grölende Pöbel sich über seine Todesqualen lustig machen; dann die übernatürliche Finsternis, das Beben der Erde, die zerborstenen Felsen und die offenen Gräber in dem Augenblick, als der Erlöser der Welt stirbt.

Das schreckliche Schauspiel wird ungeschönt gezeigt, wie es einst geschah. Satan, seine Engel und Untertanen schaffen es nicht, sich von der Darstellung ihres eigenen Wirkens abzuwenden. Jeder Beteiligte erinnert sich an das, was er getan hat. Herodes, der die unschuldigen Kinder Bethlehems ermorden ließ, um den König Israels zu vernichten; die niederträchtige Herodias, die die Schuld am Blut Johannes des Täufers auf sich geladen hat; der schwache, opportunistische Pilatus; die spottenden Soldaten; die Priester und Obersten und die aufgebrachte Menge, die schrie: „Sein Blut komme über uns und über unsere Kinder!" (Matthäus 27,25) – alle erkennen die Ungeheuerlichkeit ihrer Schuld. Vergeblich suchen sie sich vor dem göttlichen Glanz seines Angesichtes zu verbergen, der heller leuchtet als die Sonne, während die Erlösten ihre Kronen dem Heiland zu Füßen legen und ausrufen: „Er starb für mich!"

Unter der erlösten Schar befinden sich Jesu Apostel: der heldenmütige Paulus, der hitzige Petrus, der geliebte und liebende Johannes und ihre treuen Brüder, und mit ihnen die große Schar der Märtyrer. Indes stehen vor den Mauern, wo alles Schlechte und Abscheuliche bleibt, alle, die sie verfolgt, eingesperrt und umgebracht haben. Dazu gehört Nero, jenes grausame und lasterhafte Ungeheuer. Er sieht die Freude und Erhöhung derer, die er einst folterte und an deren stärksten Qualen er satanisches Vergnügen fand. Seine Mutter ist dort, und sieht die Ergebnisse ihrer Erziehung, um zu sehen, wie die bösen Charakterzüge, die sie ihrem Sohn mitgab, und die Leidenschaften, die sie durch ihren Einfluss und ihr Beispiel förderte, Früchte des Verbrechens getragen haben, die die Welt erschaudern ließen.

Dort stehen die päpstlichen Priester und Prälaten, die sich als Jesu Gesandte ausgaben, und dennoch Folter, Kerker und Scheiterhaufen einsetzten, um das Gewissen der Kinder Gottes zu vergewaltigen. Hier stehen die stolzen Päpste, die sich über

Gott erhoben und sich die Freiheit herausnahmen, das Gesetz des Allerhöchsten zu ändern. Diese angeblichen Kirchenväter werden sich vor Gott verantworten müssen, so gern sie sich dem auch entziehen würden. Zu spät erkennen sie, dass der Allwissende sein Gesetz leidenschaftlich verteidigt und den Schuldigen keineswegs freispricht. Sie erleben nun, dass Jesus sich mit seinem leidenden Volk identifiziert, und spüren die Kraft der Worte: „Was ihr getan habt einem von diesen meinen geringsten Brüdern, das habt ihr mir getan." (Matthäus 25,40).

Die ganze gottlose Welt steht vor den Schranken Gottes unter Anklage des Hochverrats gegen die Himmelsregierung. Niemand verteidigt ihre Sache; nichts kann sie entschuldigen, und das Urteil eines ewigen Todes wird über sie ausgesprochen.

Nun wird allen klar, dass nicht edle Unabhängigkeit und ewiges Leben die Folge der Sünde ist, sondern Sklaverei, Untergang und Tod. Die Gottlosen erkennen, was sie durch ihr Leben der Rebellion verwirkt haben. Sie verschmähten die „ewige und über alle Maßen gewichtige Herrlichkeit" (2. Korinther 4,17), als sie ihnen angeboten wurde, doch wie begehrenswert erscheint sie ihnen jetzt! „Das alles", schreit der Verlorene, „hätte ich haben können, aber ich wollte es lieber von mir stoßen. Wie eigenartig verblendet war ich doch! Ich habe Frieden, Glück und Ehre gegen Elend, Schande und Verzweiflung eingetauscht!" Alle begreifen, dass ihr Ausschluss aus dem Himmel ein gerechtes Urteil ist: denn mit ihrem Leben haben sie erklärt: „Wir wollen nicht, dass dieser [Jesus] über uns herrsche!" (Lukas 19,14).

Wie im Traum schauen die Gottlosen der Krönung des Sohnes Gottes zu. Sie sehen in seinen Händen die Tafeln des göttlichen Gesetzes, jene Verordnungen, die sie verachtet und übertreten haben. Sie hören, wie die Heiligen in Rufe des Staunens, der Begeisterung und Bewunderung ausbrechen, die bis zur Menge vor der Stadt dringen. Einstimmig erklären alle: „Groß und wunderbar sind deine Werke, Herr, allmächtiger Gott! Gerecht und wahrhaftig sind deine Wege, du König der Völker. Wer sollte dich, Herr, nicht fürchten und deinen Namen nicht preisen?" (Offenbarung 15,3.4). Sie werfen sich vor dem Lebensfürsten nieder und huldigen ihm. Satan scheint beim Anblick der Herrlichkeit und Hoheit Jesu wie gelähmt. Einst ein beschirmender Cherub, erinnert er sich, aus welcher Stellung er gefallen ist: Ein strahlender Seraph, ein „Morgenstern" – wie verändert, wie tief gefallen! Aus der Ratsversammlung, in der er einst geehrt war, ist er für immer ausgeschlossen. Er sieht einen anderen in der Nähe des Vaters stehen und seine Herrlichkeit verhüllen. Er hat gesehen, wie ein Engel von erhabener Gestalt und majestätischem Aussehen Jesus die Krone aufs Haupt setzte, und er weiß, dass das hohe Amt dieses Engels sein Amt hätte sein können.

Er erinnert sich an seine Heimat der Unschuld und Reinheit, des Friedens und Glücks, die ihm gehörte, bis er gegen Gott murrte und auf Jesus eifersüchtig wurde. Seine Anklagen, seine Rebellion, seine Täuschungen, um das Mitleid und die Unterstützung der Engel zu gewinnen, seine hartnäckige Weigerung, sich um seine Rehabilitation zu bemühen, als Gott ihm Vergebung anbot – alles steht ihm wieder lebendig vor Augen. Er blickt zurück auf sein Werk mit allen Folgen, auf die Feindschaft der Menschen untereinander, die schreckliche Vernichtung von Leben, den Aufstieg und Untergang der Königreiche, die Staatsstreiche, die endlose Reihe von Unruhen, Konflikten und Revolutionen. Er erinnert sich an sein stetiges Bemühen, sich Jesu Wirken entgegenzustellen und die Menschen immer tiefer sinken zu lassen. Er erkennt, dass seine teuflischen Pläne die nicht vernichten konnten, die ihr Vertrauen auf Jesus gesetzt hatten. Er sieht sein Reich, die Früchte seiner Arbeit: nichts weiter als Misserfolg und Verderben. Er hat die Massen zu der Annahme verleitet, dass Gottes Stadt einnehmbar sei, aber er weiß, dass dies nicht stimmt. Immer und immer wieder wurde er während des großen Kampfes geschlagen. Immer wieder wurde er zum Rückzug gezwungen. Er kennt die Macht und Majestät des Ewigen nur zu gut.

Der große Rebell war stets bemüht, sich selbst zu rechtfertigen und die göttliche Regierung für die Rebellion verantwortlich zu machen. Auf dieses Ziel arbeitete er mit seiner enormen Intelligenz hin. Umsichtig, gut geplant und mit beträchtlichem Erfolg hat er die Massen dazu verleitet, seine Version von dem großen, so lange währenden Kampf zu glauben. Während Tausenden von Jahren hat der Erzverschwörer Irrtum als Wahrheit verkauft. Aber nun ist die Zeit gekommen, wo die Rebellion endgültig besiegt und Satans Geschichte und sein wahres Wesen enthüllt werden. Sein letzter großer Einsatz, Jesus vom Thron zu stoßen, sein Volk zu vernichten und Gottes Stadt einzunehmen, hat den Erzbetrüger völlig entlarvt. Alle, die sich ihm angeschlossen haben, erkennen den vollständigen Misserfolg seiner Sache. Jesu Nachfolger und die treuen Engel sehen das ganze Ausmaß seiner teuflischen Intrigen gegen Gottes Regierung. Das Entsetzen darüber kennt keine Grenzen.

Satan wird klar, dass ihn seine freiwillige Rebellion himmelsuntauglich gemacht hat. Er hat seine Fähigkeiten für den Krieg gegen Gott trainiert. Die Reinheit, der Friede und die Harmonie des Himmels wären ihm höchste Qual. Seine Anklagen gegen Gottes Gnade und Gerechtigkeit sind verstummt. Der Vorwurf, den er dem Allmächtigen zu machen versuchte, fällt völlig auf ihn selbst zurück. Und nun beugt Satan sich vor Gott und bekennt, dass er zurecht verurteilt ist.

„Wer sollte dich nicht fürchten, Herr, und deinen Namen preisen? Denn du bist allein heilig. Denn alle Heiden werden kommen und anbeten vor dir; denn deine Urteile sind offenbar geworden.“ (Offenbarung 15,4). Jede Frage über Wahrheit und Irrtum in dem lang dauernden Kampf ist nun beantwortet. Die Folgen der Rebellion, die Ergebnisse der Missachtung der göttlichen Satzung sind für alle geschaffenen Wesen offensichtlich. Das ganze Universum hat gesehen, wie sich Satans Herrschaft im Gegensatz zu Gottes Regierung auswirkt. Satans eigene Werke haben ihn verdammt. Gottes Weisheit, seine Gerechtigkeit und seine Güte haben sich bestätigt. Es wird sichtbar, dass sein ganzes Handeln im großen Kampf dem ewigen Wohl seines Volkes und dem Besten aller von ihm erschaffenen Welten diente. „Es sollen dir danken, Herr, alle deine Werke und deine Heiligen dich loben." (Psalm 145,10). Die Geschichte der Sünde wird ewig davon zeugen, dass das Glück aller Geschöpfe mit Gottes Gesetz steht und fällt. Mit allen Fakten des großen Kampfes vor Augen wird das ganze Universum, die Treuen und die Rebellen, einstimmig erklären: „Gerecht und wahrhaftig sind deine Wege, o König der Völker!" (Offenbarung 15,3).

Dem ganzen Weltall ist das große Opfer, das vom Vater und vom Sohn für den Menschen gebracht wurde, deutlich präsentiert worden. Jetzt ist die Stunde gekommen, wo Jesus seine rechtmäßige Stellung einnimmt und in einem Licht erstrahlt wie kein anderer Fürst, kein anderer Machthaber, kein anderer Name. Es war die Aussicht auf die verheißene Freude, viele Söhne zum Leuchten zu bringen, die ihn das Kreuz und die Schande ertragen ließ. Waren auch Schmerz und Schande unfassbar groß, Freude und Herrlichkeit sind größer. Er blickt auf die Erlösten, die in sein Bild erneuert wurden, wo jedes Herz ganz von Gott geprägt ist, jedes Angesicht das Bild des Königs widerspiegelt. Wenn er sie sieht, weiß er, dass sich alle Anstrengungen gelohnt haben. Dann erklärt er mit einer gewaltigen Stimme, die alle versammelten Gerechten und Gottlosen erreicht: „Seht, was ich mit meinem Blut erkauft habe! Für sie habe ich gelitten. Für sie bin ich gestorben, damit sie für immer bei mir sein können!" Von den Weißgekleideten, die um den Thron stehen, steigt der Lobgesang empor: „Das Lamm, das geschlachtet worden ist, ist würdig, zu empfangen Kraft und Reichtum und Weisheit und Stärke und Ehre und Ruhm und Lob." (Offenbarung 5,12).

Obwohl Satan gezwungen ist, Gottes Gerechtigkeit und Jesu Überlegenheit anzuerkennen, bleibt sein Charakter doch unverändert. Der Geist der Rebellion bricht sich abermals Bahn. Rasend vor Zorn, entschließt er sich, den großen Streit nicht aufzugeben. Die Zeit für das letzte verzweifelte Ringen mit dem König des Himmels ist gekommen. Er stürzt sich mitten unter seine Untertanen, versucht sie mit seiner eigenen Wut zu begeistern und zum sofortigen Kampf anzufeuern. Aber unter all den zahllosen Millionen, die er zur Empörung verführt hat, glaubt jetzt keiner mehr an seine Überlegenheit. Seine Macht ist zu Ende. Zwar sind die Bösen vom gleichen Hass gegen Gott erfüllt wie Satan, aber sie sehen, dass ihre Lage aussichtslos ist, dass sie Gott nicht besiegen können. Nun richtet sich ihr Zorn gegen Satan und alle, durch die er sie hinters Licht geführt hat. Gegen sie richten sie nun Dämonen gleich ihre Wut.

Der Herr sagt: „Weil sich denn dein Herz erhebt, als wäre es eines Gottes Herz, darum, siehe, ich will Fremde über dich schicken, nämlich die Tyrannen der Heiden; die sollen ihr Schwert zücken über deine schöne Weisheit und deine große Ehre zu Schanden machen. Sie sollen dich hinunter in die Grube stoßen … Darum will ich dich entheiligen von dem Berge Gottes und will dich, ausgebreiteten Cherub, aus den feurigen Steinen verstoßen … Darum will ich dich zu Boden stürzen und ein Schauspiel aus dir machen vor den Königen … und will dich zu Asche machen auf der Erde, dass alle Welt zusehen soll. Alle, die dich kennen unter den Heiden, werden sich über dich entsetzen, dass du so plötzlich untergegangen bist und nimmermehr aufkommen kannst.“ (Hesekiel 28,6-8.16-19).

„Denn alle Rüstung derer, die sich mit Ungestüm rüsten, und die blutigen Kleider werden verbrannt und mit Feuer verzehrt werden … Denn der Herr ist zornig über alle Heiden und grimmig über all ihr Heer. Er wird sie verbannen und zum Schlachten überantworten … Er wird regnen lassen über die

Gottlosen Blitze, Feuer und Schwefel und wird ihnen ein Wetter zum Lohn geben." (Jesaja 9,4; 34,2; Psalm 11,6). Feuer fällt von Gott aus dem Himmel herab. Die Erde spaltet sich. Die in ihrer Tiefe verborgenen Waffen werden heraufgeholt. Verzehrendes Feuer bricht aus gähnenden Schlünden hervor. Selbst die Felsen stehen in Flammen. Der Tag, „der brennen soll wie ein Ofen", ist gekommen. Alles schmilzt vor glühender Hitze; „die Erde und die Werke, die darauf sind, werden verbrennen" (Maleachi 3,19; 2. Petrus 3,10). Die Oberfläche der Erde scheint eine geschmolzene Masse zu sein, ein ungeheurer brodelnder Feuersee. Es ist die Zeit des Gerichts und des Untergangs der gottlosen Menschen – „der Tag der Rache des Herrn und das Jahr der Vergeltung, zu rächen Zion" (Jesaja 34,8).

Die Gottlosen erhalten ihre Belohnung auf der Erde (Sprüche 11,31). Sie werden „Stroh sein, und der künftige Tag wird sie anzünden, spricht der Herr Zebaoth" (Maleachi 3,19). Manche werden in einem Augenblick vertilgt, andere leiden tagelang. Doch alle werden „nach ihren Werken" gestraft. Da die Sünden der Gerechten auf Satan gelegt wurden, muss er nicht nur für seine eigene Rebellion leiden, sondern für alle Sünden, zu denen er das Volk Gottes verführt hat. Seine Strafe wird viel größer sein als die Strafe derer, die er getäuscht hat. Nachdem alle, die er betört hat, vernichtet sind, wird er noch weiter leben und leiden. In den reinigenden Flammen werden die Gottlosen schließlich vernichtet, Wurzel und Zweige – Satan die Wurzel, seine Nachfolger die Zweige. Die letzte Konsequenz des gebrochenen Gesetzes ist eingetreten, dem Recht wurde Genüge getan, und Himmel und Erde bezeugen und verkünden die Gerechtigkeit des Herrn.

Satans Zerstörungswerk ist für immer beendet. Über 6.000 Jahre lang durfte er frei schalten und walten, die Erde mit Jammer erfüllen und Kummer über das ganze Universum bringen. Die ganze Schöpfung stöhnte und krümmte sich unter Schmerzen.

Jetzt sind Gottes Geschöpfe für immer vom Feind und seinen Versuchungen frei. „Nun ruht doch alle Welt und ist still und [der Gerechte] jauchzt fröhlich.“ (Jesaja 14,7). Lobpreis und Freudenrufe steigen von allen treuen Menschen empor. Die Stimme einer großen Schar hört man wie großes Wasserrauschen und starkes Donnergrollen sagen: „Halleluja! denn der allmächtige Gott hat das Reich eingenommen.“

Während die Erde vom Vernichtungsfeuer eingehüllt war, wohnten die Gerechten sicher in der heiligen Stadt. Über jene, die an der ersten Auferstehung teilhatten, hat der zweite Tod keine Macht. Während Gott für die Gottlosen ein verzehrendes Feuer ist, ist er für sein Volk „Sonne und Schild“. (Offenbarung 20,6; Psalm 84,12).

„Und ich sah einen neuen Himmel und eine neue Erde; denn der erste Himmel und die erste Erde sind vergangen.“ (Offenbarung 21,1). Das Feuer, das die Gottlosen verzehrt, reinigt die Erde. Jede Spur des Fluches wird dadurch beseitigt. Keine ewig brennende Hölle wird den Erlösten die schrecklichen Folgen der Sünde vor Augen führen.

Nur ein Erinnerungszeichen bleibt bestehen – unser Heiland wird stets die Male seiner Kreuzigung tragen. An seinem verwundeten Haupt, seinen Händen und Füßen sind die einzigen Spuren des grausamen Werkes zu sehen, das die Sünde bewirkt hat. Der Prophet sagt, als er Jesus in seiner Herrlichkeit schaut: „Ein Glanz bricht hervor wie Sonnenlicht; Strahlen sprühen ihm zur Seite, und dort ist seine Kraft verborgen.“ (Habakuk 3,4 Menge). An jener Seite, die zerstochen wurde, aus der das Blut strömte, das den Menschen mit Gott versöhnte, dort leuchtet der Retter, dort ist „seine Kraft verborgen“. Durch das Opfer der Erlösung war er „mächtig zum Retten“ (Jesaja 63,1). Deshalb war er stark genug, die zurechtzubringen, die Gottes Barmherzigkeit verschmäht hatten. Die Zeichen seiner Erniedrigung sind seine höchsten Ehren. Von Ewigkeit zu Ewigkeit werden die Wunden von Golgatha ihn rühmen und seine Macht verkündigen.

„Und du, Turm Eder, du Feste der Tochter Zion, zu dir wird kommen und einkehren die vorige Herrschaft." (Micha 4,8). Die Zeit ist gekommen, auf welche die Heiligen mit Sehnsucht gewartet haben, seit das Flammenschwert das erste Menschenpaar aus Eden verbannte – die Zeit „unsrer Erlösung, dass wir sein Eigentum würden." (Epheser 1,14). Die Erde, ursprünglich dem Menschen als Reich anvertraut, von ihm in Satans Hände verraten und von dem mächtigen Feind so lange besetzt, ist durch den großen Erlösungsplan zurückerobert worden. Alles, was durch die Sünde verloren war, ist wiederhergestellt.

„Denn so spricht der Herr ... der die Erde bereitet und gemacht hat – er hat sie gegründet; er hat sie nicht geschaffen, dass sie leer sein soll, sondern sie bereitet, dass man auf ihr wohnen solle." (Jesaja 45,18). Gottes ursprüngliche Absicht bei der Erschaffung der Erde ist erfüllt, denn nun ist sie für immer der Wohnort der Erlösten. „Die Gerechten erben das Land und bleiben ewiglich darin." (Psalm 37,29). Aus Sorge, das zukünftige Erbe zu irdisch erscheinen zu lassen, haben viele gerade die Wahrheiten vergeistlicht, die es uns als unsere wahre Heimat nahebringen.

Jesus versicherte seinen Jüngern, dass er hingehen werde, ihnen im Vaterhaus eine Wohnung zu bereiten. Wer die Lehren von Gottes Wort annimmt, wird über die himmlischen Wohnungen nicht völlig unwissend bleiben. Dennoch erklärt der Apostel Paulus: „Was kein Auge gesehen hat und kein Ohr gehört hat und in keines Menschen Herz gekommen ist, was Gott bereitet hat denen, die ihn lieben." (1. Korinther 2,9). **Die menschliche Sprache reicht nicht aus, um den Lohn der Gerechten zu beschreiben. Das wird nur jenen möglich sein, die die „himmlischen Wohnungen" schauen werden. Kein Sterblicher kann die Herrlichkeit von Gottes Paradies begreifen.**

In der Bibel wird das Erbe der Erlösten Vaterland genannt (Hebräer 11,14-16). Dort führt der himmlische Hirte seine Herde zu lebendigen Wasserquellen. Der Lebensbaum bringt jeden Monat Früchte, und die Blätter des Baums dienen den Völkern. Nie versiegende, glasklare Bäche strömen durch den Garten. An ihren Ufern werfen wiegende Bäume ihren Schatten auf die Wege, die der Herr für die Erlösten bereitet hatte. Dort steigen die weitläufigen Ebenen zu wunderschönen Hügeln an, und Gottes Berge erheben ihre majestätischen Gipfel. Auf diesen friedlichen Ebenen, an diesen plätschernden Bächen wird Gottes Volk, die so lange Pilger und Wanderer gewesen sind, eine neue Heimat finden.

„Mein Volk lebt dann an einem Ort des Friedens und in sicheren Wohnungen, sorglos und ruhig." „Gewalt wird es in deinem Land nicht mehr geben; Zerstörung und Verderben werden in deinem Land ein Ende haben. Dann nennst du deine Mauern ‚Rettung' und deine Tore ‚Ruhm'" „Sie werden Häuser bauen und bewohnen; sie werden Weinberge pflanzen und ihre Früchte essen. Sie sollen nicht bauen, was ein anderer bewohne, und nicht pflanzen, was ein anderer esse und meine Erwählten werden das genießen, was sie erarbeitet haben." (Jesaja 32,18; 60,18; 65,21.22 Neues Leben). „Die Wüste und Einöde wird lustig sein, und das dürre Land wird fröhlich stehen und wird blühen wie die Lilien." „Es sollen Tannen für Hecken wachsen und Myrten für Dornen." (Jesaja 35,1; 55,13). „Da werden die Wölfe bei den Lämmern wohnen und die Panther bei den Böcken lagern. Ein kleiner Knabe wird Kälber und junge Löwen und Mastvieh miteinander treiben … Man wird nirgends Sünde tun noch freveln auf meinem ganzen heiligen Berge", spricht der Herr (Jesaja 11,6.9).

Schmerzen sind in der himmlischen Umgebung unmöglich. Dort werden keine Tränen mehr sein, keine Leichenzüge, keine Zeichen der Trauer. „Der Tod wird nicht mehr sein, noch Leid noch Geschrei … denn das Erste ist vergangen.“ (Offenbarung 21,4). „Und kein Einwohner wird sagen: Ich bin schwach. Denn das Volk, das darin wohnt, wird Vergebung der Sünde haben.“ (Jesaja 33,24).

Dort ist das neue Jerusalem, die Hauptstadt einer veredelten neuen Erde, „eine schöne Krone in der Hand des Herrn und ein königlicher Reif in der Hand seines Gottes.“ (Jesaja 62,3). „Ihr Licht war gleich dem alleredelsten Stein, einem hellen Jaspis … Und die Völker werden wandeln in ihrem Licht; und die Könige auf Erden werden ihre Herrlichkeit in sie bringen.“ (Offenbarung 21,11.24). Der Herr sagt: „Ich will fröhlich sein über Jerusalem und mich freuen über mein Volk.“ (Jesaja 65,19). „Siehe da, die Hütte Gottes bei den Menschen! Und er wird bei ihnen wohnen, und sie werden sein Volk sein, und er selbst, Gott mit ihnen, wird ihr Gott sein.“ (Offenbarung 21,3).

In der Stadt Gottes „wird es keine Nacht mehr geben“ (Offenbarung 22,5). Niemand wird der Rast bedürfen oder danach verlangen. Keiner wird müde werden, den Willen Gottes auszuführen und seinen Namen zu preisen. Wir werden beständig die Lebensfrische des Morgens fühlen, und nie wird ein Ende kommen. „Sie werden nicht bedürfen einer Leuchte oder des Lichts der Sonne; denn Gott der Herr wird sie erleuchten.“ (Offenbarung 22,5). Das Sonnenlicht wird ersetzt durch einen Glanz, der nicht unangenehm blendet, aber doch die Helle des Mittags weit übertrifft. Die Herrlichkeit Gottes und des Lammes überflutet die heilige Stadt mit ungetrübtem Licht. Die Erlösten wandeln in der sonnenlosen Herrlichkeit eines ewigen Tages.

„Und ich sah keinen Tempel darin; denn der Herr, der allmächtige Gott, ist ihr Tempel und das Lamm.“ (Offenbarung 21,22). Gottes Volk genießt die Gnade, freie Gemeinschaft mit dem Vater und dem Sohn zu haben. „Wir sehen jetzt durch einen Spiegel ein dunkles Bild.“ (1. Korinther 13,12). Gottes Bild erscheint hier auf Erden wie in einem Spiegel in den

Werken der Natur und in seinem Umgang mit dem Menschen, dann aber werden wir ihn von Angesicht zu Angesicht sehen, ohne trüben Schleier dazwischen. Wir werden vor ihm stehen und die Schönheit seines Angesichtes schauen.

Die Erlösten werden dort erkennen, wie auch sie erkannt werden. Die Gefühle der Liebe und Zuneigung, die Gott selbst in die Seele gepflanzt hat, werden dort auf edelste und schönste Weise zum Zuge kommen. Der reine Umgang mit heiligen Wesen, die harmonische Gemeinschaft mit den erhabenen Engeln und Gottgetreuen aller Zeitalter, die ihre Kleider gewaschen und hell gemacht haben im Blut des Lammes, das heilige Band, das „alles, was da Kinder heißt im Himmel und auf Erden", miteinander verbindet, wird zum Glück der Erlösten beitragen (Epheser 3,15).

Dort werden unsterbliche Geister mit unermüdlicher Freude die Wunder der schöpferischen Macht und die Geheimnisse der erlösenden Liebe betrachten. Dort wird kein grausamer, betrügerischer Feind zur Gottvergessenheit verführen. Jeder Charakterzug wird entwickelt werden, jede Fähigkeit zunehmen. Die wachsenden Kenntnisse werden weder das Gedächtnis ermüden noch die Tatkraft erschöpfen. Die größten Unternehmungen können ausgeführt, die erhabensten Ziele erreicht, das höchste Verlangen verwirklicht werden. Dennoch gibt es immer neue Höhen zu erklimmen, neue Wunder zu bestaunen, neue Wahrheiten zu erfassen. Neue Aufgaben werden die Kräfte des Geistes, der Seele und des Leibes in Anspruch nehmen.

Alle Schätze des Weltalls werden Gottes Erlösten zur Erforschung offenstehen. Frei von Sterblichkeit, erreichen sie in einem Flug, der sie nicht ermüdet, ferne Welten, die beim Anblick menschlichen Leids von Schmerz ergriffen wurden und von Jubelliedern widerhallten bei der frohen Kunde von der Erlösung der Menschheit. Mit unaussprechlicher Wonne nehmen die Erdenkinder Anteil an den Freuden und der Weisheit der nie gefallenen Wesen. Sie laben sich an den Schätzen des Wissens und der Erkenntnis, die jene durch die jahrhundertelange Betrachtung der Schöpferwerke Gottes gewonnen haben. Mit unaussprechlichem Genuss sehen sie die Herrlichkeit der Schöpfung: Sonnen, Sterne und Systeme, wie sie alle in ihrem festgelegten Lauf den Thron der Gottheit umkreisen. Auf allen Dingen, von den Kleinsten bis zu den Größten, steht der Name des Schöpfers geschrieben, und in allen zeigt sich der Reichtum seiner königlichen Macht.

Die dahinstreichenden Jahre der Ewigkeit werden ihnen immer mehr und reichere Herrlichkeiten über Gott und Jesus offenbaren. Mit vermehrter Erkenntnis wird auch ihre Liebe, Ehrfurcht und ihr Glück zunehmen. Je mehr die Menschen von Gott lernen, desto mehr werden sie ihn bewundern. Während Jesus ihnen die Reichtümer der Erlösung und die erstaunlichen Taten in dem erbitterten Kampf mit Satan zeigt, werden die Herzen der Erlösten immer stärker vor Liebe brennen. Mit Begeisterung greifen sie in ihre goldenen Harfen, und Tausende und Abertausende von Stimmen vereinen sich zu einem mächtigen Lobgesang.

„Und alle Kreatur, die im Himmel ist und auf Erden und unter der Erde und im Meer, und alles, was darinnen ist, hörte ich sagen: Dem, der auf dem Thron sitzt, und dem Lamm sei Lob und Ehre und Preis und Gewalt von Ewigkeit zu Ewigkeit!“ (Offenbarung 5,13).

Der große Kampf ist beendet. Sünde und Sünder sind nicht mehr. Das ganze Weltall ist rein. Eintracht und Freude herrschen in der ganzen unermesslichen Schöpfung. Von dem, der alles erschuf, fließt Leben, Licht und Freude durch alle Gebiete des grenzenlosen Raumes. Vom kleinsten Atom bis zum größten Weltenkörper erklärt alle lebende und unbelebte Natur in ungetrübter Schönheit und vollkommener Freude:

Gott ist die Liebe.

Der Sieg der Liebe

Das Buch „Der Sieg der Liebe“ beschreibt in einzigartiger Schönheit die Person und das Wirken von Jesus Christus. Er bleibt auch nach 2000 Jahren die faszinierendste Gestalt der Menschheitsgeschichte.

Niemand hat wie er über Generationen hinweg in dieser Welt so tiefgreifende und nachhaltige Spuren hinterlassen und ihr ein menschliches Gesicht gegeben. Einfühlsam werden sein Leben, Sterben und Auferstehen anhand der vier Evangelien nachgezeichnet.

Autor:	Ellen G. White
Hersteller:	Top Life Center - Wegweiser Verlag
Seiten:	828
Ausgabe:	2017
ISBN-13:	973-90016-077-7
Format:	Paperback, 14,0 x 21,0 cm
Originaltitel:	Desire of Ages
Sprache:	Deutsch
Art.-Nr.:	9783900160777

Vom Schatten zum Licht

Das Buch „Vom Schatten zum Licht“ deckt die schrittweise Einschränkung unserer persönlichen Freiheit auf. Dies ist eine der gefährlichsten Erscheinungen unserer Zeit.

Möchten Sie die Hintergründe dieser Bestrebungen kennenlernen? Vom Schatten zum Licht bietet Einblick in diese entscheidenden Fragen.

Ihr Blick wird hinter die Kulissen der Weltpolitik gelenkt. Dieses Buch enthält sowohl erschütternde Enthüllungen als auch ermutigende Prognosen über unsere Zukunft.

Autor:	Ellen G. White
Hersteller:	Top Life Center - Wegweiser Verlag
Seiten:	704
Ausgabe:	2015 (korrigierte Auflage)
ISBN-13:	978-3-900160-77-7
Format:	Paperback, 14,0 x 21,0 cm
Originaltitel:	The Great Controversy
Sprache:	Deutsch
Art.-Nr.:	9783900160777

Schritte zu Jesus

„Schritte zu Jesus“ beginnt dort, wo jeder Mensch sich efindet – mitten in unzähligen Fragen und Sehnsüchten. ;ibt es jemand, der mich bedingungslos liebt? Wenn es ;ott gibt, woher weiß ich, dass ich ihm trauen kann? Vas hat es mit mir zu tun, dass Jesus Mensch wurde ınd am Kreuz starb? Wie kann man Jesusnachfolger verden – und bleiben?

Jesus Christus offenbarte uns Gott in Menschenge-talt. Unbegrenzte Macht verbindet er mit unendlicher .iebe. Unserer Schuld setzt er seine Vergebung entgegen, nserem Unvermögen seine große Kraft. Ohne ihn sind ir für immer verloren, aber mit ihm beginnt ein neues .eben. Seine Arme sind offen.

utor:	Ellen G. White
ersteller:	NewStartCenter®
eiten:	132
usgabe:	2016 (korrigierte Auflage)
ormat:	Paperback, 12,0 x 17,0 cm
riginaltitel:	Steps to Christ
orache:	Deutsch
BN:	978-3-933785-36-7
t.-Nr.:	250-5367

Raus aus den Städten

as Buch zeigt:

- das prophetische Signal zum Verlassen der Städte,
- die sechs wichtigsten Schritte beim Verlassen der Städte,
- worauf man bei der Grundstücksuche achten sollte,
- welche Klippen es zu umschiffen gilt,
- wie man auf dem Land Geld verdienen kann,
- velchen Plan Gott für die Evangelisierung der Städte hat,
- und vieles mehr …

Dave Westbrook ist Prediger der Siebenten-Tags-Ad-ntisten und leitet „Back to Enoch Ministries“. Er lebt den Bergen von Nordost-Washington mit seiner Frau ura uns seiner Tochter Allison.

tor:	Dave Westbrook
rsteller:	NewStartCenter®
ten:	136
sgabe:	2016
3N-13:	978-3-933785-28-2
rmat:	Paperback, 14,8 x 21,0 cm
ache:	Deutsch
t.-Nr.:	978-3-933785-28-2

Maranatha Der Herr kommt

Für jeden Tag eine Seite mit einem Text aus der Bibel und dazu passenden Abschnitten aus dem reichen Schrifttum von Ellen G. White. Wertvolle Gedanken über die Zeit vor dem zweiten Kommen Jesu.
Ellen G. White

- Unglaublich viel Information über die nahe Zukunft
- Aus der Bibel entnommen und von der Autorin erklärt
- Motivation zur Vorbereitung
- Ausbildung zum Weitersagen
- Steigerung der Vorfreude
- Eine komprimierte Auswahl aus dem Lebenswerk der Autorin

Autor:	Ellen G. White
Hersteller:	NEWSTARTCENTER®
Seiten:	384
Ausgabe:	2016 (korrigierte Auflage)
ISBN:	978-3-933785-02-2
Format:	Hardcover 15,5 x 21,5 cm Fadenheftung
Originaltitel:	Maranatha The Lord is Coming
Sprache:	Deutsch
Art.-Nr.:	250-239g